U0609045

后浪

The Military-Entertainment Complex

张力 李相影 主编

军事－娱乐复合体

Tim Lenoir 　　**Luke Caldwell**

［美］提姆·莱诺　［美］卢克·卡德韦尔 著

陈学军 译

民主与建设出版社

·北京·

好样子与好镜子

样子就是形象。按照传播学大师麦克卢汉的"媒体环境"理论，在全媒体时代，样子早已不是样子本身，而是样子留给大众的印象，是那个被各种媒介不断塑造的样子。

很久以来，军队职能的唯一性，决定了军队样子的单一性；样子的单一性，又制约着样子塑造的单调性。古今中外，概莫能外。进入后工业时代，战争与和平的界限越来越模糊，平时是战时的延续，平时就是战时。信息时代，网络战、舆论战、心理战、思想战等新的作战样式层出不穷，传统意义上的战争面貌已发生根本性改变。

未来学家阿尔文·托夫勒说，人类以什么样的方式生产，就以什么样的方式打仗。当人类社会进入信息化、网络化时代，纳米技术、量子通信、人工智能、无人驾驶等新概念、新技术的军事化应用，以及由此拓展的新的战场疆域和军事文化，不但刷新着人们对现代战争的认知，而且迅速改变着现代军队和现代军人的样子。

战场上，子弹、炮火可以对目标进行硬杀伤。然而，胜战之道，贵在夺志。赢得战争，未必赢得民心。民心才是最重要的政治因素，亦是战略性政治资源。处在信息化战争前沿的现代军人，如何同时打赢战场和舆论场这两场战争，是必须要面对和破解的胜战之问。简言之，新时代强军之道，除了要锻造"能打胜仗"的"好样子"，还必须铸造"塑造态势"的"好镜子"。

"9·11"事件后，美国为重塑全球形象，缓解在阿拉伯乃至伊斯兰世界的形象危机，启动了一场针对特定受众、采取特定方式的战略传播计划。实践近十年后，奥巴马总统正式向国会提交了一份《国家战略传播架构》报告。由此开始，"战略传播"成为美国实施全球文化软实力影响的代名词。报告开篇即强调："在我们所有的努力中，有效的战略传播对于维护美国的全球合法性以及支持美国的政策目标至关重要。"

美国的战略传播概念，强调统筹协调使用美国国内外军、政、商、民等各界力量资源，针对既定目标受众，进行一体化设计、精准化传播、持续化影响。战略传播被定义为"精心设计的传播"。这标志着美国已经将国内外形象传播提升到国家战略高度。

对美军而言，在全球公众中塑造正义、强大、富有人情味的军队形象，是美军战略传播的重要目标。美军认为：一方面，通过展示美军的强大，可以对对手形成战略威慑；另一方面，通过展示美军的正义性和亲近性，可以获取目标受众对美军的心理认同。为此，美军专门设有公共事务部门负责军队形象塑造。

"精心设计的传播"离不开对受众心理的精细研究，离不开对大众传媒的精妙运用。长期以来，美国战争大片、美军战争游戏、美军视频节目等娱乐产品，以公众习以为常、喜闻乐见的方式，送达每一位目标受众的眼前。而且，因为这些产品实际上已完成市场化转换，最后以商品形式流通至全世界，目标受众最终以购买形式进行消费。每完成一次消费，也就意味着消费者（目标受众）心甘情愿地接受了一次价值观的洗礼。

美国的战略传播的手段，是要统筹协调使用全国力量资源，这里面自然就包括其金融科技、军工媒介、教育娱乐等国际领先行业。尤其借助好莱坞、互联网的全球市场优势，美军实施的"嵌入式"传播时常占据行业头部资源，而这一现象已有数十年历史。1986年，一部海军招飞电影《壮志凌云》成为全球大卖商业片，实现了形象感召和市场票房双丰收。2002年，一款美国陆军征兵游戏《美国陆军》上线，后来变成全球畅销至今的军事网游。美军不但用它征兵练兵，还用它宣传教育，并最终将其培育成一条庞大的产业链。

近年来，在美军的战略传播实践中，以游戏、影视、视频等为行业代表的军事与市场的双轮驱动，犹如鸟之两翼，共同托起了美军全球形象的有效传播，且逐渐发展成一种你中有我、我中有你，军民共赢、互相成就的"军事－娱乐复合体"。至此，"看不见的宣传"最终通过市场这只手，变成"看得见且喜闻乐见的宣传"，"精心设计的传播"最终通过商业逻辑，变成既产生GDP又催生战斗力的新业态。"好样子"与"好镜子"在这里完美结合。

他山之石，可以攻玉。首次引进出版的这套"娱乐时代的美军形象塑造系列译丛"，是对"军事－娱乐复合体"这一特殊现象的案例式介绍和分析。希望通过书中原汁原味的讲解，能引发国内相关部门和读者对美军这一现象的关注和研究。

张力

2020 年 7 月于北京

目　录

军事-娱乐复合体与
当前的战争印象

从不合作到资本优先

我们已无数次看到下面这一幕：摄像机镜头缓慢摇下，镜头中是一把突击步枪的瞄准镜，瞄准镜上的十字标线清晰可见。又有坏人要被送上西天了！尽管周围的一切都在暗示你这是一场游戏，你还是会突然意识到你并没有操作手柄，你只是在看一场电影——一部声称带给你迄今为止最为真实的战争体验的电影。以正牌的海豹突击队队员为主要阵容，拍摄过程中使用实弹，这部电影给足了你真实感。但它还是让你觉得像是一场游戏，或者像是一个广告，或许它就是电影、游戏和广告的结合体。

《勇者行动》（2012 年拍摄）等电影曾让同名游戏风靡一时，可这些游戏看起来更像五角大楼给未来战争打的广告，而战争本身又像是我们刚刚打完的电子游戏，这种现象在文化层面的意义是什么？随着无人机和计算机控制的武器日益普遍，军事行动与军事游戏之间的相似之处也越来越多。在本书中，我们将厘清军事–娱乐复合体的复杂脉络，以探究真实战争与互动式战争游戏之间的界限变得模糊的原因。国防承包商与游戏企业之间相互依赖的关系本已有之，而在当下，游戏中史诗现实主义的美学又促成了对特定军事装备和军事技术的投资，由此可见，军事工业与娱乐产业之间的关系复杂难辨。我们只希望弄清为何现实世界的战争深受娱乐世界中战争的影响。

合作，共同选择——还是共同利益？

有关电子竞技和军事的研究浩如烟海，为我们的探索提供了丰富的借鉴素材。在 J. C. 赫茨、提姆·莱诺和埃德·霍尔特对军事–娱乐复合体来源的早期研究中，研究重点是军队和商业游戏企业之间在技能和训练平台方面的交流，以及军队是如何研发并推广可用于人员招募及培训的游戏平台。[1] 罗宾·安德森、罗杰·斯塔尔、詹姆斯·德·代元、斯蒂芬·克莱恩、尼克·迪尔–维斯福特和格里格·德·波伊特对上述研究进行了扩展，他们开始研究军方如何下功夫将早期的电子游戏产业充分且广泛地利用起来，以借助军事–娱乐复合体唤起民众对尚武精神和军事理想的支持，同时有效地避免民众对穷兵黩武的非议。[2] 通过 20 世纪 90 年代从游戏企业引入培训平台和模拟设施、将商业游戏变为军事训练的辅助工具，再将这些工具作为商业产品出售的模式，五角大楼为军事仿真游戏市场的形成提供了动力。[3] 一个颇有代表性的案例就是：由创新技术研究所开发的《全能战士》本是军方用于模拟训练的游戏平台，但在对外发售后，《全能战士》

作为一款商业游戏同样取得了巨大成功。

对商业游戏玩家而言，这些游戏的吸引力就在于其真实性：它们都是基于军队为实战进行的模拟训练而制作，且幕后有军事战略学家充当顾问。斯塔尔、安德森、德·代元、克莱恩、迪尔－维斯福特和德·波伊特等人认为：军方与军事承包商合作开发的诸多模拟和培训游戏是传播形象和制造舆论的主要手段，军方以此唤起民众对美国尚武精神和军事行动的支持，这一观点也已成为军事－娱乐复合体研究领域的一种主流观点。由美国陆军使用国家税收资金研发的游戏《美国陆军》已被视为在全球电子竞技文化中传播美国军事思想和外交政策的领航者。[4] 这款游戏中的军事硬件及军事战术极为贴近现实，游戏致力于让玩家沉浸在陆军的核心价值观当中。《美国陆军》不仅是军方用于招募人员的一个工具，该游戏通过把军队描述成一个热情友好的集体并唤起民众对军事行动和武器装备的认同，来吸引美国人参与到军事活动当中。[5]

《美国陆军》和其他模拟平台出色地发挥了承载官方军事价值观和军事行为的功能，使它们成为人员招募和培训的重要工具。[6] 正如伊恩·博格斯特曾提出的那样，《美国陆军》以娓娓道来的方式严格地阐述了美国陆军的交战规则、行为准则以及指挥层级；《美国陆军》通过基于规则的游戏进程，近乎完美地把美国陆军的思想和价值观植入人们脑海之中。[7]

不过我们认为：最为成功的战争类商业游戏其实走了另一条完全不同的发展道路，这些游戏寻求给玩家带来现实生活中极少存在的史诗般的情感经历并提升游戏的商业化水平，而不是如实或逐步地阐述事情的发展经过。如果说《使命召唤》或《战地风云》这样的游戏体现了美国陆军的价值观，那它更像是促进消费的一种方式，而不是军事公关的一种手段。战争类游戏及相关的电影和电视节目已经在公众心目中塑造了一种对战争的商业化认识，这种认识影响着我们对美国军队在境外发动反恐战争及联邦机构在本土开展国土安全行动的看法。战争类电子游戏的内容也已从反思过去的战争演变为描绘国防部对当前及未来威胁的认识，而畅销的电影大片及电视节目也在从反恐战争中选取题材。但娱乐业并未让这些产品成为军方或国土安全机构的代言物，恰恰相反，娱乐业选择将这些产品作为巩固自身地位的工具，他们将反恐战争转化为无与伦比的视觉和情感刺激，借此扩大玩家群体，实现利润的最大化。

在"9·11"之后的几年，新兴企业及媒体巨头争相涌入，意图利用娱乐行业中崇尚真实体验的趋势谋利。《24小时》《白宫风云》等电视剧吸引了广泛关注。战争类电子游戏则引领了这股风潮，这些游戏以第一次海湾战争以及"9·11"之后反恐战争中的战事为题材，它们的出现消除了现实世界与游戏世界之间的时空距离。[8] 罗杰·斯塔尔认为：首先利用这一市场优势的游戏公司就是那些制作战争游戏的公司，而这些战争游戏的前身正是军用模拟平台，它们包括《冲突：沙漠风暴1》《冲突：沙漠风暴2》和《近距离作战：先发制人》等。大型商业游戏企业对此更是趋之若鹜。索尼公司于2003年为词汇"威慑与恐吓"申请了专利，以供该公司在游戏中使用，但罗杰·斯塔尔表示：索尼公司于一个月后撤回了专利申请，以避免公众批评该公司"将战争视为游戏"。[9]《库玛战争》则兼具了上述所有特征，这款游戏的制作商是一群退役军官于2004年成立的一家公司。该游戏的制作团队声称《库玛战争》是游戏与现实的结合体，该团队专门研究了地形学、重要人物性格、军事情报以及军方的真实装备，以在游戏中再现伊拉克战争的主要作战任务——而这种"再现"常常出现在真实作战任务开始之后仅仅几天内。

罗杰·斯塔尔认为：尽管公关方面的考虑让制作团队在起步时迟疑不决，但随着军事训练及模拟游戏的发售，大型游戏制作商最终也进入了准即时仿真游戏的市场。这些游戏中最为成功的就是《使命召唤》系列游戏，这款游戏最初以二战战事为内容，但在 2007 年推出的《使命召唤 4：现代战争》中，游戏内容已经转变成了反恐战争。促使《使命召唤 4：现代战争》成为军事娱乐市场上一款成功产品的因素很多，其中之一就是这款游戏包含一个名为"死神天降"的关卡，这一关中包含 AC-130 战机使用红外瞄准设备追踪并摧毁地面目标的情节，这一幕的游戏场景极为逼真，人们几乎难以分辨这是游戏场景还是 AC-130 执行任务的真实场景。[10] 罗杰·斯塔尔认为：这款游戏中的现实主义场景及其对当前反恐战争中真实战例的关注，是该游戏销量勇夺世界第一的主要原因。该游戏由 Infinity Ward 工作室研发并由动视公司生产，游戏未从美国军方得到资金支持，但游戏设计者雇用了多名军事顾问为游戏注入现实元素、价值观和意识形态，使游戏符合五角大楼对美国战争行为的描述并体现了反恐战争的英雄主义性质。《使命召唤 4：现代战争》影响深远，它也是罗杰·斯塔尔提出的"互动式战争范式"的一个典型案例。形成这种范式的根源正是军方在公关领域付出的一系列努力，其开端就是发售军事模拟游戏的副产品和借助《美国陆军》等游戏招募人员。通过制作并加工战争经历使人们以互动的形式消费，军事－娱乐复合体将受众转变成了去政治化的主体——"公民战士"。此外，军事–娱乐复合体还通过使战争行为看起来有趣来唤起民众对美国军事化的支持。

商业型战争游戏企业逐渐成为军方的支持者和合作伙伴，双方共同创造了一个广阔的平台以传播亲军方的价值观念——伴随这种现象产生的是反对意见的沉寂，电视和电影也被用于传播军方的理念。军方、五角大楼和白宫曾经饱受批评，民众指责他们故意塑造媒体环境以支持美国军事化、宣传美国在伊拉克和阿富汗的战争行为、鼓吹反恐战争，这类批评在小布什总统的第二个任期尤甚。五角大楼和白宫制订了计划，他们决定让新闻报道人员随任务部队一起行动，这是官方为进行信息管理、塑造有利舆论环境而做出的最为成功的努力。这种做法将记者的报道局限在交战区域的少数部队的个人经历及碎片化的事件上，借此限制记者的自由报道。在安德鲁·霍斯金斯看来，此举将媒体报道人为地片段化，导致电视节目传递的信息被人为控制，使得媒体和公众几乎没有机会对发动战争及战争的长期影响提出质疑和批评。[11]记者随队进入战区的另一个特点，就是他们不得不听从为其提供许可及护卫的人员的安排，这样一来，记者们就更加难以进行批判性的报道。

获得五角大楼支持的电视节目中有代表性的包括哥伦比亚广播公司推出的《美国战机飞行员》、VH1频道推出的《军事日记》、美国广播公司推出的由杰瑞·布鲁克海默制作的6季系列剧《前线掠影》等。其中《前线掠影》主要讲述特种部队在阿富汗追捕可疑恐怖分子的真实经历。这些特种部队队员被当作美国军人的典型来描述，在影片中，特种部队队员从当地民众口中获取情报并与当地民众建立融洽关系；当逮捕可疑恐怖分子时，特种部队队员极为尊重文化差异；当被愤怒的村民围攻时，特种部队队员选择说服对方而不是开枪解决问题。设计这些节目的初衷就是支持小布什政府的以下论调："持久自由"行动是人道主义行动而不是暴力占领别国领土。

上述军事娱乐节目将纪实电视节目的真实性与媒体娱乐性融为一体，使观众能够借助参战军人的视角观察战争。除此之外，电视屏幕上还充斥着大量亲军方的系列节目，其中包括《执法悍将》《情报局》《双面女间谍》等。《执法悍将》主要讲述海军军法署署长办公室调查处置军内违法犯罪人员的经历。在谈及对该剧的看法时，史黛西·塔卡斯详细介绍了《执法悍将》一剧的意识形态如何与小布什政府的政策保持高度一致。[12] 在"9·11"之后推出的剧集中，《执法悍将》出品方对国防部介入节目制作持欢迎态度，他们在拍摄有关反恐战争的内容时不仅接受了国防部提供的人员及装备支持，还得到了拉姆斯菲尔德及五角大楼其他官员提供的内幕消息，这些消息涉及对阿富汗及其他地区抓获的敌对武装分子的审讯情况，而这些情况是人们在媒体报道中想看也未必能看到的。塔卡斯认为：在五角大楼参与制作的《执法悍将》剧集中，小布什政府希望能预先塑造民意，影响公众对美国在阿布格莱布监狱和关塔那摩监狱刑讯逼供一事的认识。《执法悍将》一剧呈现的是军事机构公正审判滥用职权案件的情景，"尽管我们的职责并不是审判那些代替我们在反恐战争中吃苦受累的军人"[13]。

对公众进行军事化教育的电影更是不胜枚举，其历史可以追溯到20世纪二三十年代电影业刚刚起步的阶段，那个时代曾被称为"战争电影的黄金时代"。当时的代表作品包括1926年上映的《光荣何价》和1927年上映的《铁翼雄风》[14]，近期这方面的代表作品则包括1986年上映的《壮志凌云》和1998年上映的《拯救大兵瑞恩》。但就我们对军事娱乐作品的研究而言，更有代表性的则是2001年上映的《黑鹰坠落》[15]。这部电影描述的是1993年特种部队在摩加迪沙执行的一次任务，任务目标是消灭当地一位阻挠联合国为索马里难民提供人道救援的军阀。罗宾·安德森认为，这部电影绕过了大量历史背景的介绍，有了这些背景，人们才能够了解电影所描述的导致那场政治动乱的经济原因和美国的外交政策。这部电影篡改了历史，它将世界各国新闻报道中的一个负面事件描述成了一场胜利，而事实却是这样的血腥：敌人拖着美国士兵被肢解的尸体穿过大街小巷；美国在这场战争中遭遇惨败，战争导致19名美国军人丧生，被打死的索马里武装人员及平民更是在千人以上。在这部电影中，索马里军阀曾说道：总会有人被杀，我们的世界就是这样。在电影中，暴力被普遍化且脱离了背景，索马里人被描述成了不人道的暴民，他们疯狂地冲击被描述成英雄的美国军人，不带一丝对生命的尊重，这种场景不正是电子游戏中的模式吗？事实上，雷德利·斯科特导演的拍摄技法本就带有电子游戏中的审美特征，他在电影中使用了快速剪接和过肩镜头等拍摄技法。这些拍摄技法使观众也成为超现实作战行动的参与者；在这些作战行动中，特种部队的座右铭"不抛弃战友"有了真实的体现——一位特战队员将战友被炸断的胳膊装在了自己的背囊里。这部电影没有让观众来反思事件的背景、政治必要性及战争是否道德，它给观众灌输的是爱国主义及"我们因何而战"的抽象价值观，电影突出强调的是能力、专业精神及维系特种部队团结的兄弟情谊。正如一位三角洲特种部队成员曾坚称的那样：战争中最重要的事只有一件，那就是你身边的战友。这部描述发生在美国人身上的灾难的反战电影却得到了军方的支持，军方为其提供了高科技装备以及带有陆军标志的黑鹰直升机，白宫还做了专场放映。罗宾·安德森解释了出现上述情况的原因：当观众被特种部队人员带入几乎触手可及的战争场景中时，他就会对特种部队人员产生同情，会对他们的行为表示支持，会无视对战争目的的批评以及军事干预所带来的影响。

现有的军事-娱乐复合体的研究材料都避免将上述事实视为一个自上而下的阴谋，这些材料强调的重点是亲军方价值观的传播，其背后的原因包括政府的各类公关活动，军方的招募、培训和项目外包，媒体出于逐利目的（如果不是因为爱国）而提供的合作等。在本书中，我们将从不同的角度来描述战争类游戏在军事-娱乐复合体中发挥的作用。我们认为：军事-娱乐复合体的发展受到了一系列利益的推动，而这些利益就是由娱乐业面临不断变化的经济及官僚主义因素所驱动的。我们并不否认前文所述之观点是军事-娱乐复合体研究领域的主流观点——这些观点认为：广受欢迎的军事题材游戏是美国流行文化出现深度军事化倾向的推手；事实上，我们也认同这一观点。但是我们想强调一些不同的动因，把重点放在数字媒体娱乐市场的资本属性上。

我们也不反对以下观点：美国军方使用电子游戏进行培训和模拟训练促成了上述文化现象的产生；当军方使用的平台被作为商业产品发售时，不可避免地会吸引部分游戏玩家，这也在一定程度上（这个程度难以量化）加深了民众的军事化倾向。但是我们认为，尽管军方投资制作的培训及模拟训练游戏进入商业市场，是学者们批评的主要目标，但是这些游戏在上述文化现象形成的过程中发挥的作用相对较小。他们发挥作用——我们认为是有限作用——的主要时段是 2000 年至 2003 年；而我们当前面临的媒体军事化的主要推手是商业媒体巨头，他们那时已经创建了战争游戏产业，也是他们制作了大量相关的影视作品。尽管我们对这些媒体中的一些组成部分持批评态度，但是我们的目的并不是重复类似"电子游戏使我们堕落""玩游戏有百害而无一利""暴力游戏会把玩家变成易怒的杀人凶手"这样的老生常谈。对大众媒体过分简单化的拒斥源于精神上的恐慌，且几乎没有实践经验的支撑。我们要避免落入窠臼，同时也要开展批判性的研究，以弄清媒体在人们的战争观形成过程中究竟发挥了何种作用。

我们提议将研究重点从军方与娱乐界的协调合作转移到数字资本主义的约束上，原因在于当前的主流观点将重点过多地放在了军方、五角大楼、白宫及国土安全部的各部门、各媒体机构是如何使用游戏和其他媒体来传播意识形态上。尽管这种不公开合作确实存在，罗杰·斯塔尔、罗宾·安德森、詹姆斯·德·代元及其他学者也对此做了精彩的分析，但我们还是认为，当前的研究重点存在偏差：媒体市场和商业媒体公司在现代战争经验的构建、商品化及向大众推广方面发挥的作用并未引起足够的重视。我们想要尽力说明的是：商业游戏公司构建了他们自己的"真实战争"场景，此举产生的影响远远超过了军方及政府为了使民众接受所谓"新型美国式战争"（这一概念由马克斯·布特首先提出）而付出的努力。动视公司和育碧公司等游戏企业已经实现了上述目标，他们的成果体现在情感层面，借助的途径就是创造实体化的、仿真的互动体验，而非体现在通过理性的分析和阐述来证实具体的思想观点上。

在本书中，我们将追随斯蒂芬·克莱恩、尼克·迪尔－维斯福特、格里格·德·波伊特在《数字娱乐技术文化和营销之间的交互》及《游戏帝国：全球资本主义与电子游戏》中所引领的研究方向。上述作者促使我们做出以下考量：在当今资本主义时代，促进发展的核心力量来自媒体、信息、数字化和软件。他们认为：电子游戏可能是代表数字资本主义时代特点的典型商品形式。媒体业的产品对受众（包括听众、观众、玩家）而言是一种体验，保持创造力、找寻新方式以巩固并扩大受众群体对这个行业而言是重中之重。而电子游戏更是数字科技产品中上市和更新最为频繁的商品。与电视、电台等播放类媒体不同，游戏不是一种靠广告来支撑的消费产品——尽管游戏推广方现在也会在游戏中植入少量广告，且这种行为有愈演愈烈之势。

对游戏制作方而言，最理想的状态就是由其制作并发售的游戏能够迅速吸引大批用户，并保有稳定的用户群体。为实现这一目的，游戏出版商采取的措施包括持续不断地进行市场调研、产品测试、发售其他相关产品、参加盛大的博览会（如电子娱乐展览会）、邀请知名演员拍摄促销预告片（如基弗·萨瑟兰和凯文·史派西等，前者是《合金装备》中斯内克的配音者，后者则参演了《使命召唤：高级战争》的宣传片）、将重要玩家的声音用作促销工具等。其他推销手段还包括电影与游戏内容的互相借用（如将电影内容制作成电子游戏，或将电子游戏的内容拍摄成电影）、发售玩具及周边产品等，这些手段也有助于扩大玩家群体、促进游戏业发展。

游戏制作者面临的最根本的挑战就是制造和销售"体验"，认识到这一点就是向着正确的方向迈出了一步。然而，我们认为，《数字娱乐技术文化和营销之间的交互》和《游戏帝国：全球资本主义与电子游戏》两本书对一个问题的研究都不够深入，这个问题就是：战争类电子游戏的制作方，尤其是一些大型的游戏出版商，究竟是如何顺利地开发出了在商业上成功的游戏体验的算法，以至于"它"在对消费者的吸引力上可与可口可乐等品牌抗衡——"它"指的就是对现代战争的虚拟体验。在介绍战争类电子游戏对公众思想军事化的影响时，两本书都采纳了以下这个观点：军方与游戏制作公司之间存在着相互需求的关系——军方需要制作物美价廉的模拟游戏，而游戏制作公司则希望通过说服军方将部分研发资金投入游戏市场来降低开发新游戏的成本。与罗杰·斯塔尔和詹姆斯·德·代元的观点一样，这两本书也认为：军方与游戏公司之间的默契是建立创新技术研究所的原因，而《全能战士》正是在该机构中诞生的。这款游戏设计的初衷是给军方提供一套模拟和训练工具，随后才被作为商业游戏发售。尼克·迪尔－维斯福特和格里格·德·波伊特在其作品中详细介绍了《全能战士》等游戏所发挥的作用，他们认为：让人们对战争见怪不怪，对一个全球化的商业帝国而言非常重要，这个过程中隐含着这样一种认识——战争是一项工程，它不仅有军事维度，也有意识形态维度和政治维度。让一国的公民有打仗的意愿跟在战场上取得优势一样重要。他们基于这一点提出：无论类似《全能战士》的模拟游戏能否帮助军人做好在阿富汗参加实战的准备，他们在帮助平民适应长期的战争状态方面发挥的作用都是极为重要的。[16] 尼克·迪尔－维斯福特和格里格·德·波伊特还提醒人们不要将军事类电子游戏的影响简单化和直接化，而应把注意力放在电子游戏是如何配合其他媒体反复宣传军事化思想的。他们还强调：在过去10年逐步形成的复杂而分散的媒体环境中，异议和争论也会以破坏性的修改、黑客式的干涉、反游戏和战术游戏的形式存在。[17] 尽管如此，面对着潜在的异议，《全能战士》《库玛战争》《美国陆军》等游戏还是激起了人们对打仗的渴望，促进了人们对军队无保留的认同以及对军队价值观坚定的支持，这也成为"支持军事化"文化浪潮的一个组成部分——事实上，这就像各类媒体为战争擂起的战鼓。[18] 我们对此表示完全赞同：不管你持何种观点，媒体的共同作用都在不断推动美国流行文化向着军事化发展。不过我们认为：就上述现象而言，商业媒体市场的推动是主要原因，它的作用超过了军方及政府所做的宣传。

在其著作《电视上的恐怖主义》中，史黛西·塔卡斯证据确凿地批评了以下观点：美国社会中存在着军事-工业-娱乐复合体，它们的共同目标就是通过协调运用美国的硬实力和软实力来维护美国的全球统治地位。史黛西·塔卡斯认为：与20世纪发生的几场战争中媒体所发挥的作用相比，媒体在制作与反恐战争相关的作品时表现出的默契程度已经大不如前。与林恩·斯佩吉尔的观点相同，史黛西·塔卡斯也认为：媒体传播渠道日趋多样，受众的碎片化和需求度日益提升，导致当前的媒体体系更加复杂，使其根本无法持续营造和紧盯单一的"反恐战争主题"。[19] 史黛西·塔卡斯还举例：有人支持"军事-工业-娱乐复合体内部存在相互勾结的问题"这一观点，他们还以军方给涉及军事题材的真人秀节目提供赞助为例证明自己的观点。但调查发现，这些真人秀节目的收视率相当低，而且这些节目多是昙花一现，这一事实让上述"阴谋论"的支持者无言以对。史黛西·塔卡斯提出：媒体与军方在反恐战争中表现出的默契更应该被视作双方存在某些共同利益的产物，如果以产生这些共同利益的环境和压力为研究对象进行福柯式的话语分析，那么这一点就很好理解。史黛西·塔卡斯发现：在针对美国的恐怖主义活动中，公众所反映出的公共话语中兼有"安全"和"恐惧"等多个维度，这相较实际发生的恐怖主义活动而言并不成比例。这些有关"恐怖主义"和"安全"的话语已经形成了认知结构并对现实世界产生了影响，其中之一就是催生出了新的产业和新的实体；对这些新产业和新实体而言，长期将恐怖主义作为文化焦点有助于维护其既得利益。五角大楼和小布什政府在这个过程中都起了推波助澜的作用，但起到助推作用的绝不仅仅是以上二者。

史黛西·塔卡斯在研究中将公众思想的军事化视为一种变化的、不稳定的存在，它的形成是多方利益交汇的结果，而不是军事-工业-娱乐复合体有意为之的产物，我们对这一认识表示赞同。史黛西·塔卡斯的上述观点是在对电视节目做了大量分析之后得出的。然而在谈及战争类电子游戏时，史黛西·塔卡斯接受了我们在上文中描述的"主流观点"，尤其是罗杰·斯塔尔在谈及军事娱乐时所持的观点，即：商业电子游戏制作商只是继承和发扬了某些表达方式和战略，这些表达方式和战略源于为军方生产培训和招募类产品的公司。

我们对战争类电子游戏在公众思想军事化的过程中所发挥的作用有着不同的认识。我们认为，战争游戏的成熟是一个重要的转折点，其中最为典型的就是《使命召唤》系列游戏。艺电公司、动视公司和育碧公司等游戏商家致力于在游戏当中给人带来超凡的体验，并将数码游戏带给人的体验商品化。战争类电子游戏开始成为一个重要领域，其在总值达数十亿美元的商业电子游戏市场上的占比达到约35%。在我们看来，大型战争类游戏的制作初衷并不是服务于爱国主义或是获取美国军方的资金支持。这些游戏的程序设计人员、编辑人员、绘图人员及特效人员鲜有作战或其他从军经历，很多设计团队甚至根本不在美国：游戏《战地风云》是由1992年在瑞典创立的DICE游戏工作室制作的，在该工作室于2006年被艺电公司收购之前，《战地风云》一直是这个瑞典设计师团队旗下的作品。育碧公司总部设在法国和加拿大，人们耳熟能详的另一家游戏制作公司是日本的科乐美公司，该公司推出了广受欢迎的游戏《合金装备》。但是，上述知名公司无一参与了为美国军方开发模拟器及人员招募和培训工具的活动，也没有一家将模拟器和培训工具作为商业游戏在市场上销售。

这些公司的负责人表示，制作上述游戏的目的就是创设一种仿真的数码环境，以身临其境的体验激发玩家的肾上腺素。动视公司出版部门首席执行官埃里克·赫什伯格在谈及游戏《使命召唤》的吸引力时表示：这款游戏的引人入胜之处就在于其通过史诗现实主义的表现方式给玩家带来激动人心的体验。一方面，游戏给人以高度的真实感；另一方面，游戏中又不乏夸张的成分，甚至有些过火——其夸张的表现手法有点类似于动作大片，但玩家还是会对其乐此不疲。[20]埃里克·赫什伯格强调：《使命召唤》中使用史诗现实主义手法的目的就是制造令人兴奋的时刻，让玩家能够沉浸在游戏场景之中——即便这些场景并不是今天真实战争场景的再现。这样做的另一个目的就是以每秒 60 帧的速率给人们带来肾上腺素飙升的终极体验。[21] 育碧公司首席执行官伊维斯·古利莫特在其所做的公司年度报告中也强调了使用电影制作手法以在游戏中营造仿真环境的目的，那就是：借用电影工作者在特效、故事阐述及价值观表现方面的技法和特长，使游戏带给玩家非比寻常的感官刺激。伊维斯·古利莫特指出：育碧公司在研发战略方面的主要参考模型就是梦工厂、迪士尼、索尼和皮克斯等公司生产的数字电影产品。为了将制作此类产品的技艺融入其游戏设计之中，育碧公司并购了加拿大混合技术工作室，这家工作室曾为上千部广告宣传片及电影制作动画及特效，其中就包括《阿凡达》《罪恶之城》《斯巴达 300 勇士》和《饥饿游戏》等。伊维斯·古利莫特还曾向投资商们保证：如果能坚持上述战略，"我们就能制作出更加贴近现实、更加引人入胜、更加激荡人心也更加丰富多彩的游戏，我们所有品牌的影响力都将得以巩固"[22]。

大型系列游戏开发商们在游戏中创造了一种仿真的互动式体验，并将这种体验商品化。这个过程起始于维尔福软件公司在设计《半条命》时的早期实践，完善于《使命召唤》等游戏的场景之中。开发商的目的就是让玩家使用虚拟的现代军事装备和通信技术应对挑战、解决难题，在这个过程中带给玩家极度兴奋的感受。这里最重要的并不是再现真实战争场景，因为真实战争场景的市场效益往往不佳。《使命召唤》带给玩家的就是一种超现实的互动式体验，游戏就像是对现实世界的一种迪士尼化的描述，它看重的是玩家的感官刺激，而不是引发玩家的思考。在战争类电子游戏中，叙事的重要性被放在了其次，其作用只是搭建游戏的故事框架、为玩家指明获取胜利需要完成的任务和迎接的挑战。如我们在第二章中所述，《使命召唤》中的叙事经常是不连贯的，其目的不是为了传达一条逻辑上完整的信息。取代叙事的是：游戏设计者通过设置任务、制造困难和障碍等方式给玩家带来挑战，游戏的情节发展很快，推动玩家迅速面对下一个任务，而使其无暇进行批判性的思考。电脑三维动画合成效果、每秒60帧画面带来的视觉冲击、渲染气氛的背景音乐，所有这些因素都进一步提升了游戏情节带给人的紧张和刺激。这是一种"电影式的真实"，或者说是现实世界在游戏场景中的反映。任何通过冗长的叙事、长时间的过场动画或其他讲述来完整介绍游戏背景的尝试都会引起游戏玩家的反感。在实际操作时，玩家一般也会跳过游戏中的叙事环节。这并不是说游戏不会传播宣传性的或意识形态类的内容——事实上我们认为游戏确实发挥了这种作用，我们只是想说：这种观念本身显露出对认知和叙事的一种偏见，正是这种偏见使我们认识不到推动军事-娱乐复合体发展的一股更为强大的力量，那就是有效掌控玩家的游戏体验，借此获取巨额的资金收益。

新型美国式战争：军事革命

当前军事-娱乐复合体创造娱乐情感体验的一个重要参照系就是所谓的军事革命。军事革命为我们提供了对未来军事战略及军费分配的一系列新认识，导致了国会对军费使用和海外用兵的激烈争论，也引发了公众对政治事务的热议。军事革命也成为好莱坞大片、电视剧和电子游戏的一个重要题材。在讨论军事革命在大众媒体中的体现之前，我们必须先研究其历史，聚焦于其核心理念、主要论断及实施情况。

自冷战期间电子计算机得以广泛运用开始，军事理论研究者就一直试图预测信息技术将对未来冲突产生何种革命性影响，对军事革命的研究由此逐渐兴起。我们在这里谈及军事革命并不是想卷入关于其缘起及发展历程的争论之中。我们的目的是概略地分析军事革命思想如何引领了新型美国式战争；"新型美国式战争"是军事历史学家马克斯·布特提出的一个概念，这种战争方式的基本要素是速度、机动性、灵活性、精确打击火力、特种部队和心理战等。[23] 实质上，我们的研究重点是弄清技术和组织结构的变化是如何改变了美国军队，使其从拥有庞大的陆地及海上力量的"巨兽"转型成为今天这样一支更加精干、更加灵活的军事力量。

依照惯例，对军事革命的研究通常包括对以下三个领域发展情况的分析，这三个领域各不相同但相互关联，即：技术变化、组织结构调整以及对未来威胁的认知。军事革命研究者通常要问的问题是新技术如何改变了军队结构及作战方式，以及潜在对手的技术及组织结构变化会对未来作战样式产生何种影响。这些研究人员对未来的预测判断将会改变技术投入，而进行这些技术投入的目的就是扬长避短地利用上述影响。[24] 因此，他们的研究成果与体量庞大的国防经济密切相关，也在一定程度上关系着军事−工业复合体的发展；而军事−工业复合体必须保证其强大且有活力，这样才有助于美国保持战略优势。

众所周知，军事革命是在大幅削减预算的背景下诞生的。随着冷战落下帷幕，国会开始对五角大楼的预算实施限制，此举不仅影响到军队的人力，也影响到国防采购。在 1991 年至 2001 年的 10 年间，五角大楼的预算被削减了 24%，数额从 3825 亿美元（按 2001 年美元价值计算）降至 2911 亿美元。[25] 现役和预备役人员总数则从第一次海湾战争前夕（1990 年）的 320 万人减少至"持久自由"行动前夕（2001 年）的 206.2 万人，其中现役军人的数量减少了 35%。[26] 新装备的采购费用则从 1990 年高峰时期的 977 亿美元降低至 1996 年和 1997 年时的 450 亿美元，降幅达 54%。[27] 虽然时任国防部长威廉·科恩（1997—2001 年任职）以"为军事革命开展必要采购"为由，将采购费用推升到了 603 亿，但这一数额仍然只是冷战后高峰时期数额的 62%。面对上述不利局面，威廉·科恩和其他相关人员努力推动军事革命，将其作为最大限度发挥国防经费效益的手段。

在预算压缩的背景下，"沙漠风暴"行动和科索沃战争的胜利预示着由信息技术引领的新型战争时代的到来，在上述战争中，美国均以较少的人员伤亡换取了决定性的胜利。新型全球定位系统和精确制导弹药的使用使美军具备了远距离精确打击敌方目标的能力。一些试验性的武器系统——如联合监视目标攻击雷达系统等也在战争中投入运用，这些系统使美军能够从高空掌控战场形势，并为地面部队提供远离其阵地的其他地区的信息。简而言之，网络化信息技术为美军提供了对武器装备进行远距离指挥和控制的能力，更为强大的情报、监视和侦察能力以及依据实时情报进行快速协同反应的能力，这些能力赋予了美军战场优势地位。

20 世纪 90 年代后期，约翰·阿奎拉和戴维·伦菲尔德等学者开始建议军队放弃其集权化的层级式结构模式，全面接纳信息社会中网络化的管理结构和管理技术。[28] 时任参谋长联席会议副主席威廉·欧文斯海军上将指出：美国军队需要转变成"体系之体系"，实现组织结构的网络化，以在面临新挑战时拥有足够的冗余度和灵活性。[29] 亚瑟·塞布罗夫斯基海军中将和约翰·加特斯卡把上述理论命名为"网络中心战"，该理论强调在信息共享的基础上对威胁给予局部响应并进行由下至上的自我重组。[30] 这些建议缓解了五角大楼所面临的诸多预算限制，因为其重点是建立在信息收集和共享机制支持下的体量小但独立性强的作战分队。

自 1993 年至 2006 年，五角大楼的分析人员一直通过研究过往的战争来分析军队的战备问题。他们认为：美国应该保有在世界不同地区同时参与两场与"沙漠风暴"规模类似的冲突的能力，同时能够应付多场代理人战争及反叛乱行动。[31] 研究军事革命的学者们认为：在 21 世纪的国际政治格局中，美国面临的威胁已经发生变化，这就要求美国军队做好打新型战争的准备。[32] 美国过往的战略是建立前方基地，并以这些基地为立足点实施空中力量支援下的大规模地面战争；但随着外国支持的不断弱化，这种作战模式面临的问题越来越多。除此之外，潜在对手正在不断研发弹道导弹等"反介入"武器装备，使得美国很难如过去那样从前方基地发动地面战争；潜在对手拥有的"区域拒止"能力使其能够击退大规模的地面进攻，因而限制了美国的行动自由。[33] 受此影响，军事革命的支持者们开始呼吁大力推动技战术发展，包括加强特种部队建设，研发远程导弹、无人机、隐形平台等，以在常规力量无法发挥作用时对目标实施打击。"9·11"事件的发生及随后在伊拉克和阿富汗的军事行动也清楚地表明：美国的敌人已经不再仅仅是国家实体，而是变为非对称的、非常规的对手，其中包括"流氓国家"及非国家行为体等。

反恐战争中所取得的早期胜利，如推翻阿富汗塔利班政权和占领巴格达等，都应归功于军事革命，以及时任国防部长拉姆斯菲尔德推动军事力量适应信息化时代的努力。正如拉姆斯菲尔德在其 2002 年年度报告中所言：胜利是开展新型战争的直接结果……预示着塔利班政权倒台的马扎里沙里夫之战向外界展示了高度网络化联合作战行动的巨大潜力。在"持久自由"作战行动中，AC-130 攻击机、"捕食者"无人机、"全球鹰"无人机及联合监视目标攻击雷达系统相互结合，充分展现了早期"网络中心战"理念产生的巨大收益。地面上的特战人员与空中先进的侦察装备共同组成传感器网络，向人们提供战场的全景画面。[34] 除阿富汗战场之外，这一乐观场景还出现在了伊拉克战场上。正如马克斯·布特所言，与第一次海湾战争相比，2003 年占领巴格达的战争仅需要一半的部队，造成的伤亡也降低到上次战争的五成以下，战争持续时间刚刚超过上次战争的一半，战争的花费仅为上次战争的四分之一。[35] 如果上述战争就此结束，它们将被视为巨大的胜利，而且将会大幅提升军事革命在军事领域的地位。

随着叛乱活动在阿富汗和伊拉克死灰复燃，宣告战争胜利开始显得不合时宜，早期战略中的缺陷开始逐渐显现。尽管特种部队和灵活的装甲部队在推翻政权的战争中效果显著，但在战争的收尾阶段，特种部队和装甲部队却变得束手无策。随着负面的公众舆论的出现及预算审查的恢复，拉姆斯菲尔德曾经主张的政策及对军事革命的构想最终以"新型美国式战争"的形式重新出现。其核心是组建更为精干的作战分队，使用现代化的信息、通信及机器人技术以实施与 2001 年至 2002 年阿富汗战争中类似的灵活作战行动。五角大楼在 2006 年《四年防务评估报告》等规划文件中曾强调对远程智能导弹、无人机及其他无人系统、情报侦察与监视一体化系统及通信防御系统加强投资，并将上述系统视为开展新型战争的必要工具。[36]

以新方式获取、分析和分发信息有助于作战分队做出更富战略意义的决策，此类新方式在破除"战争迷雾"方面发挥着日益重要的作用，使得各类战争工具能够对高度网络化且变幻莫测的威胁做出有针对性的反应。在忆及担任驻阿美军司令的经历时，斯坦利·麦克里斯特尔将军曾对这一转型做出如下概括：

> 在阿富汗和伊拉克艰苦血腥的战斗中，我和其他很多人开始逐渐认识到：要想战胜网络化的敌人，我们自己也必须实现网络化。我们必须想方设法保留我们的传统能力，其中包括技术、专业性以及——如果需要——势不可挡的军事力量等；同时需要掌握知识、速度、精确性，开展协同合作，而所有这些只能通过网络化才能实现。

这个设想的实质就是：把通过情报、监视和侦察手段发现敌人的分析人员，锁定目标的无人机操作人员，拘捕或击毙目标的地面作战人员，利用缴获的手机、地图以及俘虏来产生情报价值的人员，将上述信息变成有用知识的情报分析人员全部综合起来。[37]

正是不同专业队伍之间的高度协同促使威廉·欧文斯形成

了军事力量是"体系之体系"的概念，这一"体系之体系"应随着信息流的变化开展自我同步和修正。[38] 值得一提的是，在2009年担任驻阿富汗美军司令之前，斯坦利·麦克里斯特尔将军曾担任高度保密的联合特种作战司令部司令，这也导致带有军事革命特色的特种作战战术被引入到规模更大的军事指挥机构当中。

尽管全球反恐战争为军事革命从思想进入实践领域提供了最后的推动力，但在奥巴马于2008年就任总统之前，军事革命从思想到实践的转变仍然是碎片化、不成体系的。奥巴马执政时期，小布什政府较少使用的一些战术开始被常态化运用，其中就包括特种部队开展跨境打击、无人机暗杀活动及网络战等。[39] 常规部队的行动方式越来越像特种部队，特种部队也秉持军事革命的思想，大幅转变行动方式。自全球反恐战争开始起，特种部队就一直在全球范围内持续开展反恐和反叛乱行动，他们的对手包括"基地"组织及其他各类极端势力。在反恐战争开始前，驻外的特种部队人员约为2800人。反恐战争开始后，这一数字就以每年翻两番的速度增长，这种趋势一直持续到2012年。2007年1月至2008年7月间，驻伊拉克和阿富汗特种部队人员大幅增加，总数达到1.2万人左右，随后一直保持这一水平。[40] 为了满足阿富汗、伊拉克及其他任务区反恐战争的需要，美国特种作战司令部下属部队已经从2001年的3.8万人增加至2012年的6.3万人，其预算则从2001年的23亿美元提升到2013年的近104亿美元。[41]

为网络化和灵活性日益提升的军队提供情报、监视和侦察能力，这项工作大幅提升了对机器人技术和奥威尔式监视系统的投资。五角大楼拥有的无人机数量从 2002 年的 167 架激增至 2010 年的 7500 架 [42]，对无人机的投资也从 2000 年的 2.84 亿美元增加至 2010 年的 33 亿美元 [43]。据估算，从 2001 年至 2013 年，五角大楼在研发、采购和操作无人机方面的花费高达 260 亿美元。[44] 2005 年，五角大楼对无人机的投入仅占军用飞机总投入的 5%，到了 2012 年，对无人机投入占军用飞机总投入的比例已经达到近 33%。[45] 携带先进传感器和功能强大的摄像设备的无人机开始为部队提供海量信息，以至军方不得不开发一套新的基础设施以应对由此导致的通信带宽紧张局面。一架"全球鹰"无人机的数据传输速率就达 500 兆 / 秒，这一数值是 1991 年海湾战争时期参战美军所用带宽总和的五倍还多。[46]

反恐战争期间的大量投资也是在传统军队中进行网络中心战改革的长远规划的一部分。举例而言，雄心勃勃的"未来作战系统"和"目标部队勇士系统"于 2003 年至 2009 年期间启动，项目合同被波音公司和科学应用国际公司拿下，总金额高达 2000 亿美元，项目的研发目的就是创造一套"系统之系统"，将美军在战场上的各种要素集成起来，以获取前所未有的联合作战和战场态势感知能力。"未来作战系统"的设计目标是为陆军近 70 个作战旅中的 15 个旅配备遥控设备及柴电混合动力载人飞行器，这些设备通过一个安全的通信网络实现互联，所有车辆均配备高技术传感器。但该项目最终因罗伯特·盖茨实施的预算压缩政策而被迫下马。

"目标部队勇士系统"则是一套单兵系统，其设计目标是把所有士兵连接成一个网络，每名士兵既是信息的生产者也是信息的消费者。乘坐步战车的士兵们可以通过他们的车辆访问网络中的所有信息。下车之后，士兵们佩戴的头盔式显示器也可通过远程无缝连接的方式显示所需的信息。借助各级（排、连、营及旅级）配备的传感器的帮助，战术指挥官可利用该系统向战场上的重要地点派出无人机并发射灵巧弹药，通过收集海量情报看穿"战争迷雾"，而这一切都可以在敌人毫无知觉的情况下进行。士兵及各类智能设备将把信息向上传递至视野更广、可以看到战场全局的人那里，使他们能够有效履行职责，成为广泛的网络中一个个灵活的节点。

尽管"未来作战系统"最终并未投入部署，但其涉及的技术最终还是在其他产品中得以应用，这些产品包括由国防高级研究计划局和美国特种作战司令部联合研发的"塔罗斯"套装（即轻型战术突击作战服）等。未来的士兵将有望配备专用轻型护甲、机械外骨骼和 AR 显示器，士兵们及战争本身的机械化和网络化水平都将达到前所未有的程度。[47]

2014 年 2 月下旬，国防部长查克·哈格尔在面临预算紧缩的严峻形势下建议：将美国陆军数量压缩至 1940 年以来的最低水平。他提出：在随后几年中将裁减 12 万名军人，并将节约的一部分经费投入到为保留下的军人改善训练和技术水平之上。尽管查克·哈格尔的建议不出预料地遭遇了反驳——有人指出裁军将损害美国军队的战斗力，但哈格尔的建议还是标志着美军十年转型期达到了顶点。他认为：掌握先进信息技术的灵活精干的军队对打赢未来战争而言既有经济可行性，也有战略必要性。[48] 哈格尔的建议引发了军事革命进程中最近的一次争论。

军事革命的普遍化

借助游戏带给人的情感体验及人们对军事革命技术的逐渐熟悉，《使命召唤》和其他类似游戏使新型美国式战争被更多人了解和接受。军事革命为电子游戏提供了多种题材，绝大多数获得成功的战争类电子游戏，都将五角大楼文件中对未来威胁及应对措施的描述作为设计游戏背景的基础。Infinity Ward 等游戏开发商和育碧公司等游戏出版商着力打造仿真度高、互动性强的电子游戏，以给玩家带来引人入胜的超现实体验，并通过令人热血沸腾的情节和特效来巩固和扩大玩家群体。在这个过程中，上述公司不断借鉴国防部高级研究计划局、防务合同承包商和装备制造商的先进技术，将其作为游戏玩家在游戏过程中力量的来源，借此不断勾起玩家"升级"的渴望，从而获取个人地位和认可，并最终在虚拟的"反恐战争"中取得胜利。在我们所研究的战争类电子游戏中，设计者给予玩家战胜挑战不断通关的所有选择，无不带有军事革命中核心技术的影子。现代战争与军事革命的联系日益密切。

"9·11"之后，民众的思想几乎被"恐怖主义"及"反恐战争"所占据，军事革命成为日益扩大且利润丰厚的商业电子游戏及影视剧市场的重要题材。如詹姆斯·德·代元、罗杰·斯塔尔等人曾论述过，而我们也在第一章中介绍的那样，军事－娱乐复合体的诞生得益于美国军方在 20 世纪 90 年代中后期利用商业电子游戏技术开展培训及模拟训练。这些训练项目与军事革命都有着间接但不失密切的联系。后冷战时代，非对称作战在全球各地的叛乱活动和反恐行动中屡见不鲜。加强战场网络化建设，提升模拟训练技术，以使散布各地的作战分队能够从接受培训、准备作战的状态无缝转换到适应各类复杂战场环境的状态，这一过程对军事筹划而言极为重要。由国防高级研究计划局建设的军用虚拟战场系统就是其为军事革命做出的重要贡献之一。借助这一平台，各个级别的部队都可在仿真的未来网络化战场环境中接受训练。在第一章中，我们会阐述虚拟战场系统及新型商业游戏技术如何在构建"赛博空间复合型作战模式"中发挥了关键作用。"赛博空间复合型作战模式"是出自国防高级研究计划局的一个构想，其功能就是培训能够适应未来战争的作战人员。在第二章中，我们将分析在战争类电子游戏的发展历程中，有关未来威胁、军事技术及战略方针的各类建议是如何逐步融为一体的。其中我们将介绍军事训练及模拟游戏和战争类电子游戏所选择的不同发展道路。我们认为：军队的作战人员已经从"主要关注过往战争经验"转变为"痴迷于军事革命的技术、技巧和预判"。战争游戏使《四年防务评估报告》等官方文件中对未来战争的构想进一步形象化，有助于各方对未来可能面临的威胁形成一致意见，使各方对军方提出的资金需求及收益达成共识，从而使其更易在立法机构审批预算时获得通过。

在第三章中，我们将介绍军事化思想在娱乐界广泛传播的范围和程度；在这个过程中，娱乐界在描绘潜在威胁时开始出现预测未来的倾向，而不再是对过去事实的重现。在《媒体预演》一书中，理查德·格鲁辛认为这一转变的发生源于"9·11"事件。他指出："9·11"事件给美国乃至全世界的消费类媒体文化造成了共同的创伤。为了避免这种创伤再次发生，媒体开始出现大量预测未来的内容，其目的就是如果未来真的发生类似事件，我们就不会处于毫无准备的境地。他提出："媒体预演"的作用就是避免媒体世界中的人们再次经历"9·11"事件带来的那种全员震惊的局面，其采用的方式就是持续营造一种对再次发生恐怖袭击的低强度恐惧或焦虑心理。[49] 不管这种恐惧是借助媒体上对"9·11"恐怖分子形象铺天盖地的报道来传达，还是借助不断强调恐怖主义是重大现实威胁来传达，媒体都在通过让我们感受真实生活中出现概率不高的事情来提醒我们什么才是最重要的。媒体对未来的预演使我们逐渐形成了对未来威胁进行预测的潜意识。难以捉摸却又无处不在的恐怖威胁将受到控制，这种认识正是来自《使命召唤》《幽灵行动》《看门狗》等商业游戏，《24小时》《军情五处》等电视剧以及《勇者行动》《钢铁侠》等电影。上述娱乐产品使潜在威胁广为人知，在向人们展示其危害性的同时也提出了应对潜在威胁的可能办法。

在第四章中，我们将分析网络安全政策及大众媒体和电子游戏中对网络战的描绘，以此对网络战普遍化中产生的涉及多要素的话题开展案例研究。作为军事革命威力的代表及非对称军事行动的一股重要力量，网络黑客给了本文作者许多灵感，使我们能够写出既引起读者共鸣又紧跟时代潮流的内容。不管是远程接入他人手机、监控系统或执法机构的电子邮件服务器，还是劫持美国无人机实施网络恐怖主义行为，娱乐产品中都将黑客们描述成魔术师一般的人物，他们能随心所欲地接入和控制任何数字设备。我们还对美国网络战能力发展情况及国防高级研究计划局的"X计划"进行了分析，并认为娱乐产品中对黑客超常能力的描述，有着或明或暗的政策背景，这样做的目的就是促进对网络防御系统和应急平台的投资——虽然军方自身也想发展网络攻击能力。娱乐产品中对黑客能力的描述并不是为了反映现实，而是为了给未来的研发工作提供灵感。

在本书的最后一章中，我们的阐述将走出军事－娱乐复合体的范畴，而将目光聚焦到近期的一部受人欢迎的战争类电子游戏上。这部名为《特殊行动：一线生机》的战争类电子游戏一定程度上走出了以往战争游戏的窠臼。该游戏通过特效和叙事对"把暴力和娱乐融为一体"提出了质疑，游戏通过强调玩家的情感体验而颠覆了以往战争游戏带给人的杀戮快感。根据游戏规则，玩家们往往需要过关斩将才能打通游戏各个关卡，尽管这个过程带给人越来越多的负面情感体验。通过独特的设计，《特殊行动：一线生机》提供给人们一种超出军事－娱乐复合体范畴的战争游戏体验。

在本文中，我们将研究战争类电子游戏及影视作品在军事－娱乐复合体崛起的过程中所发挥的作用，尤其是战争类商业游戏、电视节目、电影在推动公众思想军事化方面所发挥的重要作用。我们认为：在"9·11"事件发生后，公众陷于潜在的恐怖主义袭击威胁及对伊拉克和阿富汗战争的恐惧之中，以当前及未来反恐战争和国土安全为主题的影视节目和游戏，迅速充斥各类大众媒体。在这种环境中，除了开展宣传活动和传播支持战争的思想观念之外，军方、五角大楼和白宫根本无法控制大众传媒中的各种舆论。事实上，在这段时期——尤其是在反恐战争久拖不决之后，对美国实施战争行为的批评乃至负面言论开始频频出现，这也代表着支持反恐战争的浪潮正在日益消退。尽管无法通过控制媒体舆论来推行美国军方的价值观，对战争持批评态度的电影、游戏及电视节目也在不断出现，但大众传媒仍然发挥了推动公众思想军事化的作用。他们发挥这一作用的途径不是靠宣扬自己的主张，而是通过制造对武器系统、战术和技术的强烈情感体验——这些武器和技战术均与新型美国式战争相关。以反恐战争和未来战争为题材的电视节目、电子游戏及电影的存在催生了一个事实，就是"无论你是否支持无人机的军事化以及使用自动监视技术辨识潜在的恐怖分子，你都会在潜意识中接受：这些军事技术是我们当前开展战争的必要选择"。

注释

1　J. C. Herz, *Joystick Nation: How Videogames Ate Our Quarters, Won Our Hearts, and Rewired Our Minds* (Boston: Little, Brown, 1997); Tim Lenoir, "All but War Is Simulation: The Military Entertainment Complex," *Configurations* 8 (2000): 238–335; Tim Lenoir, "Programming Theaters of War: Gamemakers as Soldiers," in *Bombs and Bandwidth: The Emerging Relationship between Information Technology and Security*, ed. Robert Latham (New York: New Press, 2003), 175–198; Tim Lenoir and Henry Lowood, "Theaters of War: The Military-Entertainment Complex," in *Collection, Laboratory, Theater: Scenes of Knowledge in the 17th Century*, ed. Helmar Schramm, Ludger Schwarte, and Jan Lazardzig (Berlin: Walter de Gruyter, 2005), 427–456; Ed Halter, *From Sun Tzu to Xbox: War and Video Games* (New York: Thunder's Mouth Press, 2006).

2　James Der Derian, *Virtuous War: Mapping the Military-Industrial-Media- Entertainment Network* (New York: Westview Press, 2001); Stephen Kline, Nick Dyer-Witheford, and Greig de Peuter, *Digital Play: The Interaction of Technology, Culture, and Marketing* (Montreal: McGill-Queen's University Press, 2003); Robin Andersen, *A Century of Media, a Century of War* (New York: Peter Lang, 2006); Nick Dyer-Witheford and Greig de Peuter, *Games of Empire: Global Capitalism and Video Games* (Minneapolis: University of Minnesota Press, 2009); Roger Stahl, *Militainment, Inc.: War, Media, and Popular Culture* (New York: Routledge, 2010).

3　Andersen, *A Century of Media*, 247–257; Stahl, *Militainment*, Inc., 106.

4　David B. Nieborg, "Changing the Rules of Engagement—Tapping into the Popular Culture of America's Army, the Official U.S. Army Computer Game" (MA thesis, Utrecht University, 2005); David B. Nieborg, "Training Recruits and Conditioning Youth: The Soft Power of Military Games," in *Joystick Soldiers: The Politics of Play in Military Video Games*, ed. Nina Huntemann and Matthew Thomas Payne (New York: Routledge, 2010), 53–66.

5　Marcus Power, "Digitized Virtuosity: Video War Games and Post-9/11 Cyber- Deterrence," *Security Dialogue* 38, no. 2 (2007): 271–288.

6　Corey Mead, *War Play: Video Games and the Future of Armed Conflict* (New York: Houghton Mifflin Harcourt, 2013).

7　Ian Bogost, *Persuasive Games: The Expressive Power of Videogames* (Cambridge: MIT Press, 2007), 77–79.

8　Stahl, *Militainment, Inc.*, 100.

9　Stahl, *Militainment, Inc.*, 101.

10　Stahl, *Militainment, Inc.*, 103.

11　Andrew Hoskins, *Televising War: From Vietnam to Iraq* (London: Continuum, 2004), 75.

12 Stacy Takacs, *Terrorism TV: Popular Entertainment in Post-9/11 America* (Lawrence: University Press of Kansas, 2012), 122–143.

13 Stacy Takacs, *Terrorism TV: Popular Entertainment in Post-9/11 America* (Lawrence: University Press of Kansas, 2012), 131.

14 David L. Robb, *Operation Hollywood: How the Pentagon Shapes and Censors the Movies* (New York: Prometheus Books, 2004), 286; Lawrence H. Suid, *Guts and Glory: The Making of the American Military Image in Film* (Lexington: University Press of Kentucky, 2002).

15 Andersen, *A Century of Media*, 211–226.

16 Dyer-Witheford and de Peuter, *Games of Empire*, 116.

17 Important treatment of tactical games and countergaming can be found in Ed Halter, "Islamogaming: The State of Gaming in the Muslim World," *PC Magazine* 25, no. 23 (2006): 136–137; Rita Raley, *Tactical Media* (Minneapolis: University of Minnesota Press, 2009); Alexander Galloway, *Gaming: Essays in Algorithmic Culture* (Minneapolis: University of Minnesota Press, 2006).

18 Dyer-Witheford and de Peuter, *Games of Empire*, 118.

19 Takacs, *Terrorism TV*, 17–18.

20 Giles Richards, "Call of Duty: Ghosts— Preview," Guardian, May 25, 2013, https:// www.theguardian.com/technology/2013/ may/26/call-of-duty-ghosts-previewhirschberg.

21 Andrei Dobra, "Call of Duty Delivers 'Epic Realism' and Awesome Moments, Activision Says," *Softpedia*, September6, 2011, http://news.softpedia.com/ news/ Call-of-Duty-Delivers-Epic- Realism-and-Awesome-Moments- Activision-Says-220365.shtml.

22 Yves Guillemot, "A Statement from Yves Guillemot," *Ubisoft Annual Report* (2009), http://www.ecobook.eu/ubisoft/ra2009uk/.

23 Max Boot, *The Savage Wars of Peace: Small Wars and the Rise of American Power* (New York: Basic Books, 2002).

24 For example, Metz and Kievit summarize one of the goals of RMA analysts as "providing a blueprint for technology acquisition and force reorganization": Steven Metz and James Kievit, "Strategy and the Revolution in Military Affairs: From Theory to Policy," Strategic Studies Institute, U.S. Army War College, Carlisle Barracks, 1995, vi, http://www.au.af.mil/au/awc/ awcgate/ssi/stratrma.pdf.

25 William S. Cohen, *Annual Report to the President and the Congress* (Washington, DC: Department of Defense, 2000), B-1.

26 William S. Cohen, *Annual Report to the President and the Congress* (Washington, DC: Department of Defense, 2000), C-1.

27 William S. Cohen, *Annual Report to the President and the Congress* (Washington, DC:

Department of Defense, 2000), B-1.

28 John Arquilla and David Ronfeldt, "Cyberwar Is Coming!" *Comparative Strategy* 12, no. 2 (1993): 141–165.

29 William A. Owens, "The Emerging U.S. System-of-Systems," *Strategic Forum* 63 (February 1996): 1–6.

30 Arthur K. Cebrowski and John J. Garstka, "Network-Centric Warfare—Its Origin and Future," *United States Naval Institute Proceedings* 124, no. 1 (1998): 28–35.

31 Mark Gunzinger, "Shaping America's Future Military toward a New Force Planning Construct" (Washington, DC: Center for Strategic and Budgetary Assessments, 2013).

32 Andrew Krepinevich, "The Military- Technical Revolution: A Preliminary Assessment" (Washington, DC: Office of Net Assessment, Department of Defense, 1992); Mark Gunzinger, "Shaping America's Future Military toward a New Force Planning Construct" (Washington, DC: Center for Strategic and Budgetary Assessments, 2013); Metz and Kievit, "Strategy and the Revolution in Military Affairs."

33 Andrew Krepinevich, Robert Work, and Barry Watts, "Meeting the Anti-Access and Area-Denial Challenge" (Washington, DC: Center for Strategic and Budgetary Assessments, 2003).

34 Donald Rumsfeld, *Annual Report to the President and the Congress* (Washington, DC: Department of Defense, 2002), 28– 29, http://history.defense.gov/Historical- Sources/ Secretary-of-Defense-Annual- Reports/.

35 Max Boot, "The New American Way of War," *Foreign Affairs* 82, no. 4 (2003), https:// www.foreignaffairs.com/articles/ united-states/2003-07-01/new-americanway- war.

36 Department of Defense, "Quadrennial Defense Review Report" (Washington, DC: Department of Defense, 2006), 31–32.

37 Stanley A. McChrystal, "It Takes a Network: The New Front Line of Modern Warfare," *Foreign Policy*, February 22, 2011, http://www.foreignpolicy.com/ articles/2011/02/22/ it_takes_a_network.

38 Owens, "Emerging U.S. System-of- Systems."

39 Nick Turse, *The Changing Face of Empire: Special Ops, Drones, Spies, Proxy Fighters, Secret Bases, and Cyberwarfare* (Chicago: Haymarket Books, 2012).

40 Jim Thomas and Chris Dougherty, "Beyond the Ramparts: The Future of U.S. Special Operations Forces" (Washington, DC: Center for Strategic and Budgetary Assessments, 2013), x.

41 William H. McRaven, "Posture Statement of Admiral William H. McRaven, USN Commander, United States Special Operations Command, before the 112th Congress Senate Armed Services Committee," March 6, 2012; Thomas and Dougherty, "Beyond the Ramparts," x–xi.

42 Jeremiah Gertler, "U.S. Unmanned Aerial Systems," in *CRS Report for Congress* (Washington, DC: Congressional Research Service, 2012), 2.

43 Jeremiah Gertler, "U.S. Unmanned Aerial Systems," in *CRS Report for Congress* (Washington, DC: Congressional Research Service, 2012), ii.

44 Jeremiah Gertler, "U.S. Unmanned Aerial Systems," in *CRS Report for Congress* (Washington, DC: Congressional Research Service, 2012), 13.

45 Spencer Ackerman and Noah Shachtman, "Almost 1 in 3 U.S. Warplanes Is a Robot," *Wired*, January 9, 2012, https:// www.wired.com/2012/01/drone-report/.

46 Gertler, "U.S. Unmanned Aerial Systems,"17.

47 Steven Hoarn, "SOCOM Seeks Talos (Tactical Assault Light Operator Suit)," *DefenseMediaNetwork*, May 18, 2013, http://www.defensemedianetwork. com/ stories/socom-seeks-talos-tacticalassault- light-operator-suit/; Allen McDuffee, "Special Ops Uniform Will Transform Commandos into an Iron Man Army," *Wired*, October 11, 2013, https:// www.wired.com/2013/10/ironman/.

48 Thom Shanker and Helene Cooper, "Pentagon Plans to Shrink Army to Pre–World War II Level," *New York Times*, February 23, 2014, http://www. nytimes.com/2014/02/24/ us/politics/ pentagon-plans-to-shrink-army-to-preworld- war-ii-level.html; Nick Simeone, "Hagel Outlines Budget Reducing Troop Strength, Force Structure," *DoD News*, U.S. Department of Defense, February 24, 2014, http://archive.defense.gov/ news/ newsarticle.aspx?id=121703.

49 Richard Grusin, Premediation: *Affect and Mediality after 9/11* (London: Palgrave Macmillan, 2010), 2.

第一章

从《战争地带》到《美国陆军》：国防部与游戏产业

自 20 世纪 60 年代初期问世以来，电子计算机和电子游戏就与军方和国防企业间有着千丝万缕的联系。23 岁的史蒂夫·拉塞尔是麻省理工学院人工智能实验室的研究生，该实验室由五角大楼提供资金并由约翰·麦卡锡和马文·明斯基担任负责人。1961 年，史蒂夫·拉塞尔就是在这个实验室编写出了第一部电子游戏《太空大战》。[1] 在 10 年后的 1972 年，诺兰·布什内尔成功创立了首个电子游戏公司——雅达利公司。布什内尔对《太空大战》这款游戏非常熟悉，当他还是犹他大学学生时就对这款游戏爱不释手。在创立自己的游戏公司时，布什内尔仿照《太空大战》推出了一款名为《电脑空间》的街机游戏。雅达利公司创作了《乒乓》《小行星》《导弹指令》等游戏，这些游戏在新生的电子游戏行业留下了浓墨重彩的一笔。雅达利公司早期推出的最为成功的游戏之一就是《战争地带》，该游戏由艾德·罗特伯格于 1980 年设计。《战争地带》是首款三维第一人称视角游戏，玩家通过一辆模拟坦克的潜望镜来观察游戏场景，如同玩家正在虚拟的战场上前行。这款游戏在玩家中大受欢迎，而且在美国国防高级研究计划局 1983 年启动陆军模拟与训练技术中心的建设时，该游戏也引起了国防高级研究计划局的关注。《战争地带》被重新命名为《布雷德利训练器》并被赋予了新的用途，成了首个训练用游戏，它将大量的有人操作模拟器、仿真设备和半自动兵力模拟器整合成了一套分布式互动战场模拟设备。

《美国陆军：作战行动》成形于海军研究生院早期的研究，以及 BBN 公司等国防承包商为分布式互动模拟器所研发的通信协议和网络技术。在它们的共同监管下，由国防高级研究计划局出资建设的"军队分布式模拟网络项目"正式诞生，该项目与此前的模拟技术相比取得了重大突破。在 20 世纪 80 年代之前设计的模拟器多为独立系统，其设计目的就是开展特定的任务训练，如将宇宙飞船停泊在指定位置或将喷气式战机降落到航空母舰甲板之上等。高端模拟器的成本通常都在其模拟对象成本的两倍以上。举例而言，在 20 世纪 70 年代末期，一套先进的飞行员培训模拟系统售价在 3500 万美元，而一架先进飞机的价格不过 1800 万美元。威廉姆斯空军基地飞行培训研究部门的科研人员杰克·A. 索普空军上尉就被借调至国防高级研究计划局，专门从事降低训练模拟器成本的研究。[2]1978 年 9 月，索普提出了一个革命性的观点，那就是：飞行模拟器应被用于向飞行员们传授其在和平时期难以学到的空中作战技能。索普还建议：应将研发遭遇战模拟技术作为国防高级研究计划局未来 25 年的长远发展目标之一。[3]为降低该系统的成本，索普积极寻求从国防部体系之外获取技术，其中就包括从娱乐界获取电子游戏技术。[4] 1982 年，索普在获得国防高级研究计划局同意后，雇用了一支由军方人员和工业及计算机图像设计人员共同组成的工作组，以研发一套适合集体训练的坦克模拟器网络。美国军方的模拟网络由此诞生。

模拟网络比以往的模拟系统更为成功，原因就在于设计者从新兴的游戏产业中借鉴了设计理念并将其移植到军方系统之中。以往的模拟系统成本昂贵，它们的设计理念就是对其模拟对象进行技术允许范围内尽可能接近地复制。举例而言，飞行模拟器就是要将飞机的全部功能集成到一根操纵杆上。与此相比，模拟网络的设计理念则是：对模拟对象的部分功能进行复制，而不是重现其所有功能。这就需要先研究哪些功能是开展基本训练所必需的，在此之后才能确定模拟器硬件的设计指标。这样一来，很多与作战训练无关的硬件就可以排除在考虑范围之外，或仅使用模拟器上的图画和照片进行代替。除此之外，模拟器被认为是以军队为作战单元的培训工具，它更应注重对集体而不是个人的训练。模拟器的设计目标是将乘员和作战单元作为模拟训练的核心，而不是将模拟器作为模拟训练的核心。这就允许将一些成本低但可向受训者提供基本知识的配件纳入模拟器之中。[5]

在上述新理念及新型显示技术和低成本网络技术的共同作用下，模拟网络整合了原本散布各地的多个互动式模拟训练网络，这些网络本用于训练装甲车乘组（M1 坦克和 M2/M3 战车等）、作战支援分队（包括火炮及由旋翼和固定翼战机实施近距空中支援等）以及各类指挥与控制、行政和后勤分队。[6] 作战训练的场地模拟真实地形，初期时场地面积为 50 平方公里，但最终依上级命令，对训练场地的长和宽都进行了延展。作战训练均为实时进行，参训人员操作各种模拟器来模仿车辆、指挥终端、行政与后勤终端等。作战表现由一套评分系统来进行评价，该系统能够记录各类作战事件，如行动、开火、命中及结果等，模拟作战过程中采取何种行为完全由参训人员自行决定。系统通过内部反馈以及从相关作战行动中得出的经验来实现训练目的。训练的层级逐步提升，首先为排级网络训练，然后提升至连级和营级，最后还可提升至更高级别。

模拟网络的定型及早期测试于 1987 年至 1989 年进行，系统于 1990 年 1 月正式运转。陆军首先使用近战战术训练系统对数百个作战单位进行了培训，该系统正是运用模拟网络系统的概念建立的。近战战术训练系统是首个综合集成系统，该系统最终融入了数千个子单元，其总成本达到 8.5 亿美元（参见图 1.1）。[7]

东 73 之战

作为一套训练系统，模拟网络的作用就是帮助各部队做好作战准备。在其投入使用后不久，军方开始实施"沙漠风暴"行动，模拟网络的价值在这场战争中得到充分体现。1991 年 2 月 26 日发生的东 73 之战被视为这场战争中最为重要的一场胜利。东 73 之战发生在地面作战开始三天之后，作战双方是经历模拟网络培训的美国第 2 装甲骑兵团和一支规模远大于美军的伊拉克作战部队（伊拉克第 12 装甲师第 50 旅一部）。这场战役以其发生地命名：东 73 是军用地图上伊拉克沙漠地区南北方格线的名称。这场战役发生在一场沙尘暴之中，持续时间从下午 3 时 30 分至下午 5 时 15 分暮色降临。美国第 2 装甲骑兵团装备 M1A1 艾布拉姆斯主战坦克和 M3 布雷德利战车。作战期间，美军共击

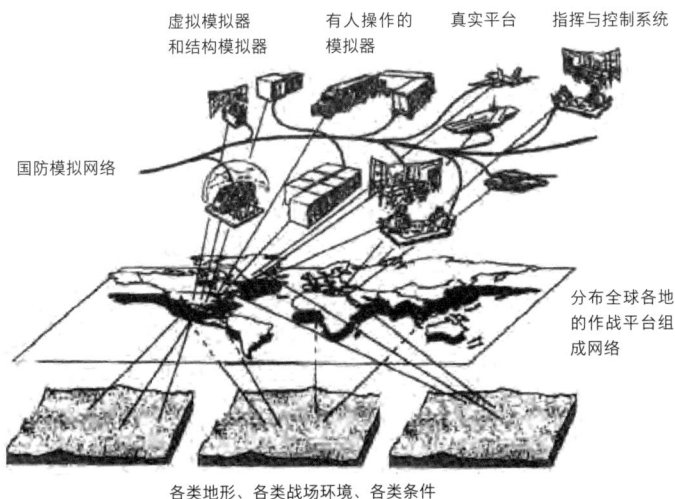

图 1.1 索普的军用模拟网络早期草稿

毁 50 辆 T-72/T-62 主战坦克，超过 35 辆其他装甲车辆以及 45 辆卡车。超过 600 名伊军第 12 装甲师和共和国卫队"真主"装甲师的士兵在战斗中受伤或丧生，另有至少 600 名伊军士兵被俘。这场战斗之后，美第 7 军军长弗雷德里克·弗兰克斯将军对第 2 装甲骑兵团的行动提出表扬，盛赞这是装甲部队发现、锁定并消灭敌人的典型战例。[8]

这场战役之后几天，军方决定利用东 73 之战的经验来提升"模拟网络"未来的训练效果。为了模拟东 73 之战，参与创建模拟网络的杰克·A. 索普团队中的大多数成员与国防分析研究所模拟中心的部分职员共同组建了新团队，尼尔·科斯比中将担任团队负责人和首席技术合同方。美军工程地形学实验室也为研发工作提供了技术支持。此前模拟器设计的重点是硬件控制和任务实施相关的机械式行动，设计理念中对战争在情感层面的影响考虑甚少。国防分析研究所在模拟东 73 之战时有机会跳出这一局限，该机构与 150 名这场战斗的幸存者进行了深入交流，以掌握这场战斗在情感层面给人带来的影响。[9] 开展这项工作的目的就是掌握作战人员随着战争的不断进行而逐步产生的个人体验——包括士兵们对战争的恐惧及其他情感和活动等，并将这些内容以三维虚拟现实技术表现出来，以使未来的受训者能够对战争有最切身的体验。

为设计该模拟器而进行的数据收集工作在战斗结束之后一个月开始。设计团队对战场进行了实地调查，并与参与者举行了会见。来自第 2 装甲骑兵团的军人陪同国防高级研究计划局工作组人员逐个事件、逐台车辆地重建战斗场景。他们前往战场进行实地勘察，亲自从被炸毁的伊军坦克旁走过，以对战斗形成最直观和真实的概念。部分参战军人还把自己的日记提供给了工作组以完善数据，还有人将自己在战斗期间的私人录音也拿了出来。沙地上的卡车、发射导弹后留下的导线使人能够精确还原战场真实场景。坦克上安装的黑匣子能够接收三颗卫星的信号，借助它就可以确定每辆坦克在地面上的具体位置。指挥部记录有战场上无线电通信的音频信息。卫星从战场上空拍摄的系列照片为人呈现了更为宏观的战场全景，激光和雷达设备则能够提供战场地形的数字地图。[10]

东 73 之战也证明杰克·A. 索普对模拟网络的原始设计理念是正确的：借助历史战例，使用网络化的模拟技术来为未来战争做好准备。模拟器既为人提供了一个体验历史的机会，同时也发挥着面向未来，进行互动式训练的功能。模拟器可通过电脑进行编程，因此可以产生多种不同的结局。在获取了战斗的详细模型后，下一步就是将其与"奥丁"模块相结合，该模块是一个移动式的战争及电磁环境模拟引擎，模块安装在一台卡车之上，并由一辆发电车提供动力。该模块是由尼尔·科斯比和其他国防分析研究所职员共同为"沙漠风暴"行动研制的，其设计目的就是供战地使用，模块中融入了最为先进的知识和技术。"奥丁"模块是在陆军未来作战系统（该系统正式获得资助是在 2003 年至 2008 年）之前研制完成的，该模块能够让指挥官们看到三维的战场景象，并使他们能够对战场的某一区域进行放大和详查，以使其能够评估部队运用是否得当。通过掌握对手的各种观点，我方就能推断出对手的意图，从而更加容易地掌握战场的主动权。"奥丁"模块的设计初衷不是为了摧毁目标，而是为了使参训者更好地了解即将参加或已经加入的战斗。该模块的核心就是模拟网络技术。

同模拟网络的其他组成部分一样，"奥丁"包含有一套全球数字地形数据库、友军及敌军的作战序列（由国防高级研究计划局的"支点"计划所提供）、一套作战序列生成器、一套战争模拟引擎、运用人工智能技术的半自动化的军队以及一套柔性显示系统（名为"飞毯"）（参见图 1.2）。

随着东 73 模拟项目的完成，"奥丁"工程为军方提供了一套开展互动式预先训练的完美平台。随着模拟数据库的接入，"奥丁"不仅能够对以往的战争进行复盘模拟，而且能够改换对手所用的武器装备，从而对其他战争想定进行战术检测。举例而言，有人认为：在东 73 之战中，第 2 装甲骑兵团所配备的红外成像系统使其能够在沙尘暴中依然拥有导航定位能力。与仅装备传统

图 1.2　东 73 之战的模拟场景之一

光学设备的伊拉克军队相比，美军掌握了巨大的优势。借助模拟器，人们就可以给伊军配备红外设备，从而测试伊军装备的变化对战争结果的影响。除此之外，还可将多个"奥丁"模拟器同时连接到网络之中，共同运行东 73 之战的数据库。参加模拟训练的士兵以及在指挥所的指挥官们均可连接模拟器上的数据并加入新的战术战法。鉴于在不久的将来处理器及显卡性能就会有持续提升，人们预测模拟器组件的体积将会不断减小，并可直接搭载到 M1 坦克、武装直升机或 F-16 战机之上，这就使得战争期间参战军人能够在执行作战任务前持续进行模拟训练。

从国防高级研究计划局到局域网

20 世纪 80 年代末至 90 年代初，随着苏联解体，人们对政策的讨论开始聚焦于调整国防科研投入，以使相关研究不仅服务于国家安全，也服务于商业领域。这项调整带来的结果之一就是早期军事－娱乐复合体的出现。冷战结束后，人们开始强调对军队建设投资的效益，认为军队的建设应该基于合理的商业运作之上，也就是说，军方的采购应该与工业制造进行无缝连接。1994 年颁布的《联邦采购简化法案》推动国防部改变了传统的采购模式——仅与美国科技和工业界特定的几家公司签订合同。在国防部长威廉·佩里授权的采购进程中，军方应该首先考虑具有商业可行性的现货商品，为特定军种服务的研发项目在优先性上则排名末位。

这一政策变化大幅改变了计算机模拟及培训进程。在该领域 30 年的发展历程中，计算机制图、网络技术及人工智能技术的发展总是由军方和航空航天领域的承包商来推动，原因就在于模拟技术的发展对军方开展训练非常重要。海湾战争中模拟技术的重要性得到了充分体现，这也直接导致国防高级研究计划局支持下的模拟网络研发投资大幅提升至 25 亿美元。以其中的两个项目为例：一是近战战术训练系统，这是一套用于培训陆军机械化步兵部队和装甲部队的网络模拟系统，该系统包含有多种模拟设备。用于模拟作战车辆、战术车辆以及武器系统等，所有模拟设备都能够与半自动化的对手部队实现实时互动，模拟设备之间也可实现彼此实时互动。二是战争综合演练场仿真系统，该系统主要目的是构建仿真的战场环境以发挥多种防御功能，系统中整合了虚拟仿真要素（指携带模拟器的军人在仿真战场上作战）、构造仿真要素（军事游戏）和部队实时机动等。[11] 美国陆军模拟、训练和技术保障司令部得以建立，其作用就是管理和指导国防部在模拟训练方面的工作——此时国防部面对的已经是 20 世纪 90 年代精简整编并实现了灵活管理的军队。在履行上述职能的过程中，模拟、训练和技术保障司令部在推动军用模拟技术与娱乐业融合方面发挥了关键作用，为军事 – 娱乐复合体的发展铺平了道路。

采购政策的变化导致军事承包商与商业界之间的界限逐步模糊甚至不复存在。这样一来，网络、模拟、虚拟现实及人工智能等领域的许多重要技术被取下军事秘密的标签，转而进入商业领域。更为重要的是，技术开始从商业领域——尤其是游戏领域——自由流转到军事领域。1995 年成立于佛罗里达州奥兰多的 Real3D 公司的经历就是一个典型例证。Real3D 公司运转时间不长，1999 年即告解散。该公司以洛克希德·马丁公司为阿波罗登月计划研发的实时三维绘图技术起家，其与日本的电子游戏企业世嘉公司合作并取得了成功。作为 Real3D 公司 1995 年至 1999 年间的高级软件工程师，史蒂芬·伍德科克带领软件和技术工程人员参加了马丁·玛丽埃塔公司的"国家试验台"项目。在该项目中，史蒂芬·伍德科克负责所有武器代码的研发、试验、整合及归档，以最终将这些数据用于"先进实时游戏通用仿真系统"，该系统是一套为导弹防御而设计的互动式指挥与控制模拟系统。[12] 在进入游戏行业后，史蒂芬·伍德科克先后就职于世嘉公司和索尼公司，利用其在军用网络模拟系统研发时期积累的三维建模技术和人工智能技术为游戏企业服务。在军用模拟器研发领域的人员、理念和技术不断流向娱乐业的同时，游戏产业中的人员及技术也在向军用领域流动——Spectrum Holobyte 公司的

《捍卫雄鹰 4.0》和 ID 软件公司的《毁灭战士》就是游戏产业的资源向军事领域回流的例证。《捍卫雄鹰 4.0》是首批由商用飞行模拟器改为军用的现货产品之一，它是一款基于网络的游戏，其视角及游戏体验都如同驾驶真的 F-16 战机一样。这款游戏的操作说明厚达 600 页，这充分表明该游戏十分复杂，同时也说明军方为何觉得这款游戏能够满足军事训练的需要。[13] 正如游戏制作人吉尔曼·路易解释的那样，《捍卫雄鹰 4.0》是一款细致入微的模拟游戏，它重现了 F-16 战机飞行员在现代战场上的真实经历。《捍卫雄鹰 4.0》中集成了一套高精确度的飞行模型，以及与真实飞机座舱的仪表盘完全一样的航电系统，其所用地图也来自真实的航拍地图及地图数据库。武器建模及调度也与现实世界无异——除了部分涉密的细节被略去之外。游戏对现实的模拟细致入微，以至游戏报告的评估人员在体验这款游戏时还专门参考了真实的 F-16 战机驾驶手册。该游戏超高的真实度也促成弗吉尼亚州空中国民警卫队教官、F-16 资深飞行员彼得·博那尼专门与 Spectrum Holobyte 公司开展合作，以对《捍卫雄鹰 4.0》进行完善并将其用于培训真正的 F-16 战机飞行员。

广受欢迎的电子游戏《毁灭战士》则成功地成为海军陆战队的训练用品。时任海军陆战队司令查尔斯·克鲁拉克将军在 1996 年即相信：在真实训练因时间、机会、资金等原因而无法实施时，可以对新一代电子游戏进行修改调整并将其用于海军陆战队人员的决策及战术行动训练。克鲁拉克将军专门向海军陆战队作战发展司令部下达命令，要求该司令部承担研发、利用和审核战争类电子游戏的职能。[14] 作为回应，海军陆战队建模与仿真管理办公室开始使用 ID 软件公司于 1993 年开发的共享版商业游戏

《毁灭战士》开展相关测试。《毁灭战士》是游戏行业中第一人称射击类游戏的先行者，除此之外，该游戏还推动了三维制图技术及多人联网游戏的大众化。ID 软件公司还通过互联网以共享模式发布游戏的初级版本，此举引领了软件发布领域的产业转型革命。被初级版本吸引的游戏玩家往往会从 ID 公司购买游戏的完整版本。大量游戏玩家通过多种形式对共享版本的游戏进行完善和修改，以至 ID 软件公司于 1994 年决定将《毁灭战士》的游戏关卡编辑器作为开源软件予以发布。克鲁拉克将军领导下的海军陆战队接下了这一共享版游戏和其关卡编辑器，并将该游戏修改成为火力小组训练模拟器。海军陆战队版的《毁灭战士》还吸收了使用编辑器为该游戏设计更多关卡的互联网玩家的建议。[15] 海军陆战队版的《毁灭战士》不再是使用充满科幻色彩的武器在迷宫般的城堡中猎杀怪兽，而是由战场的真实图像以及真实武器、真实军人的数字画面组成。工作人员还对游戏的原始版本进行了其他修改，添加了战壕、地堡、战术线路、友军火力以及其他"战争迷雾"要素。海军陆战队版《毁灭战士》的受训人员使用虚拟的海军陆战队突击步枪，与敌军作战部队在各种地形、各类建筑中拼杀（参见图 1.3，图 1.4）。

海军陆战队版《毁灭战士》和《捍卫雄鹰 4.0》，以及史蒂芬·伍德科克和彼得·博那尼等人的经历不过是众多案例中的几个典型，这些案例展示了军用模拟器产业以及电子游戏业是如何通过双向人员流动和技术交流从早期军事–娱乐复合体中受益的。其他有类似经历的公司还包括 MAK 技术公司，该公司为新生的军事–娱乐复合体增添了一个新的维度，那就是同时发售商业版游戏和军用版的模拟游戏。[16] MAK 技术公司（位于马

萨诸塞州坎布里奇）于
1990 年由沃伦·卡兹和约
翰·莫里森建立，两人均
为麻省理工学院工学专业
毕业生。1987 年至 1990
年，两人都曾在 BBN 公
司的模拟网络研发团队中
任职，当时两人主要负责
分布式模拟器的网络连接
研究。MAK 技术公司的
目标就是为国防部提供分
布式交互模拟和网络化虚
拟现实技术领域的尖端研
发服务，并将研发成果转
化为商业产品以投入娱乐
和工业市场。该公司的首
个商用产品是虚拟现实链
接开发工具，这一产品在
发布后不久就成为世界上

图 1.3　《毁灭战士》屏幕截图

图 1.4　海军陆战队版《毁灭战士》屏幕截图

使用最为广泛的商用分布式交互模拟系统研发工具。这套供应用
程序员使用的开发工具使人们可以将分布各处的模拟设备及虚拟
现实系统通过低带宽网络实时连接起来。虚拟现实链接系统的设
计目的是将现有的及新研发的模拟器、虚拟现实系统及各类游戏
便捷地整合起来。正因为有了上述产品，MAK 技术公司的收入迅
速蹿升，随后即被大型国防合作承包商视觉技术公司收购。除此

之外，该公司的软件还经特许，供几个娱乐公司用于开发实时三维多用户游戏，这些公司包括全面娱乐网络公司、丧尸虚拟现实娱乐公司等。在这些实时三维多用户游戏中，具有代表性的就是《先头部队》。这是一款于 1998 年中期发布的多用户坦克模拟游戏，这款游戏由 MAK 公司编写并由互动魔术公司出版。《先头部队》是一款可以在互联网上操作的游戏，这款游戏中集成的网络技术与 MAK 公司人员在研发模拟网络时集成到军用模拟器中的网络技术大同小异。

军事技术曾经是民用技术的源头，但在目前，军用技术与游戏、主题公园以及电影特效中所用的技术相比却常常处于落后状态。美国陆军模拟、训练和技术保障司令部首席科学家、技术总监迈克尔·马塞多尼亚在 2000 年发表于《计算机》杂志上的一篇文章中就曾对这一趋势做出预测：通过大肆扩大市场份额，娱乐行业中的大型企业正在塑造 21 世纪。在这个世纪，消费者对娱乐的需求——而不是大型科技项目或是军事领域的研究——将会推动计算机领域的创新。[17] 尽管 20 世纪 90 年代期间网络游戏、人工智能、计算机制图等领域的重要进步都源自军用模拟器的研发，我们还是会在下一章节证明以下观点：近期上述领域所取得的进步主要依赖于游戏产业的发展。

创新技术研究所

在 20 世纪 90 年代，军用模拟器研发与娱乐业之间的交织多是临机和偶然的。在查尔斯·克鲁拉克将军提出鼓励修改商用游戏并用于军事训练之后，模拟、训练和技术保障司令部的多位高级军官开始寻求与电子游戏及娱乐业建立更为正式的合作关系。1996 年 12 月，在海军研究生院（加州，蒙特雷）电脑科学家和人工智能专家迈克尔·齐达教授的推动下，美国国家科学院专门组织了一次关于建模和模拟技术的研讨会，以研究在娱乐业和军方之间开展有组织合作的可能性。[18] 参加这次研讨会的除迈克尔·齐达外，还包括来自 MAK 公司、光谱数据技术公司的代表，以及来自计算机制图和虚拟现实技术领域的学术专家和企业领袖。齐达的报告以及后续的建议促使军方于 1999 年 8 月同意向南加州大学提供 4500 万美元，供其在五年内建立名为"创新技术研究所"的研究中心，以加强相互合作并将娱乐产业中的技术运用到军方模拟器研发、训练和军事行动当中。由电影工作室、写作人员和电子游戏设计者组成的团队开始组建，由其研发的技术成果既有利于军方也能使商业娱乐企业从中受益。尽管好莱坞与五角大楼有着截然不同的文化，双方在技术领域的共同点却在不断增加，战争游戏在娱乐领域的市场份额也日益扩大。

军方建立创新技术研究所和其他类似机构的目的之一就是在提升模拟技术真实度的同时降低成本，这一点毋庸置疑。但在军方的计划中，提升模拟技术水平还有其他更为重要的目的。20 世纪 90 年代末期，电影、主题公园以及越来越多的电子游戏开始将紧张刺激的故事情节作为重要卖点。军用模拟器在模仿军事系统的硬件方面表现出色，但是即便在东 73 之战的模拟器制成之后，真实战争对身体和精神带来的紧张感依然很难在模拟器中表现出来。为了实现"在虚拟现实环境和基于电脑的战争游戏中体现上述真实性"的目的，创新技术研究所专门组织了长期从事建模和模拟技术研究的专家和技术人员开展攻关。创新技术研究所建立之前，多名主要成员就已经在进行半自动化军事力量和多重分布虚拟环境技术运用于军事训练的研究工作。其他部分人员则在开展情感建模研究，以将其运用于仿真训练环境。另有人进行智能代理技术研究，并将其整合到军用模拟系统当中。在创新技术研究所的成立典礼上，执行理事理查德·林德海姆列举了多个研究项目，其中就包括"全息平台"的建设："全息平台"是一个整合了交互式模拟代理服务的虚拟仿真环境，可用于开展模拟训练和基于游戏的学习式训练。

同"奥丁"项目类似，全息平台能够让参训士兵们在虚拟的各类环境中开展训练。国防高级研究计划局还与创新技术研究所签署了一份合同，内容涉及给未来作战系统研发态势感知设备，该系统将使未来的士兵们成为完全网络化战场环境的组成部分。到了2008年，由极富创新精神的詹姆斯·科里斯率领的创新技术研究所团队开始计划研制一套移动式设备，以使人们可以在任何时间、任何地点体验虚拟现实环境。士兵们将佩戴安装有全球定位系统和全向态势感知系统的头盔以及声控下拉式屏幕，以便他们可以在使用武器的同时接收到各类信息。屏幕被安装在透明玻璃内，其视觉效果与17寸显示器类似。屏幕上显示的信息包括地图以及由前出侦察分队和无人机、地面传感器等传回的实时视频信息。

除了对虚拟现实环境进行研究之外，创新技术研究所的工作人员还开展了一系列游戏项目的研发工作。这些项目的目标就是设计出仿真交互式实时军事训练模拟器，以提升受训者的决策水平和领导技能。按照最初的计划，设计者在2002年年底前将发布两款游戏，名称分别是《作战系统12》和《C-FORCE》。两款游戏研发完成后，它们被赋予了更为市场化的名称:《全能指挥官》和《全能战士》。这两款游戏既在市场上发售，同时也为军方训练服务。游戏的设计目标就是拥有和主流娱乐软件一样的吸引力，能够让人百玩不厌。其中，《全能指挥官》是一款基于电脑操作的连级指挥官模拟器。游戏将受训者的身份定为美国陆军轻步兵连的指挥官，受训者要了解自己的任务，组织自己手中的力量，进行战略筹划并协调自己手下120名军人的行动。

《全能战士》相较《全能指挥官》而言是一款更加成功的游戏。这款游戏源自创新技术研究所、美国陆军、电子游戏公司流行工作室和索尼图形图像运作公司的通力合作，索尼公司负责了游戏的特效制作。在这款游戏中，玩家的身份被定为一名班长，其任务是在城市环境中率领十几名士兵完成一系列的作战任务。这款游戏的军方使用版和商业发售版中都使用了最为先进的人工智能技术并对军事装备进行了高度的仿真模拟。军方使用版中还加入了用于教学的行动复盘评估模块。该游戏由THQ公司负责商品发布和销售。尽管商业发售版有更佳的图像和声音效果，两个版本游戏的机理基本上是一样的。借助一段已被广泛传播的编码，人们可以对该游戏的军用版进行解锁和使用，这也招致了公众的批评和不满。但所有的批评和不满都未能影响这款游戏获得成功:在2003年电子游戏展"游戏评论家奖"的角逐中，该游戏获得了"最佳原创游戏"和"最佳模拟游戏"两项大奖。该游戏基于XBOX平台和PLAYSTATION2平台的商业发售版仅在美国就售出69万套，在世界范围内的销量则达到103万套，使其成为2004年销量排名前十的游戏之一。

作为军方与游戏和影视企业协同制作的一款成功的商业产

品,《全能战士》也因"推动美国人思想军事化"而受到批评。该游戏的军方使用版教会士兵们如何做出合理的决定,商业发售版则通过将军事行动转变成交互式娱乐的方式使普通玩家对军方产生认同感。罗杰·斯塔尔曾将该游戏视为军方与商业游戏制作企业之间开展机制化合作以谋取利益的例证。尼克·迪尔-维斯福特和格里格·德·波伊特则认为:创新技术研究所开发的《全能战士》及其他多款游戏反映了五角大楼对未来战争的认识——在第三世界贫穷落后的城市中针对叛乱分子开展的非对称作战行动。[19]《全能战士》的游戏场景设定在一个虚拟的中东国家("泽基斯坦"),游戏目标是推翻由前圣战领袖领导的独裁政权、击溃来自塔利班和伊拉克的支持者,不难看出游戏讲述的其实就是伊拉克和阿富汗战争中的人物和事件。考虑到这一点,游戏制作商和军方之间的合作利益就超出了"推进军事化"这一范畴。正如罗杰·斯塔尔指出的那样,THQ 公司曾于 2003 年就"以反恐战争为主题的游戏是否受欢迎"进行过一次调查,调查结果显示此类游戏的确会被民众接受。得知这一结果,该公司在美国入侵伊拉克之后于 2003 年 4 月发布了《全能战士》的商业发售版。因此,一个更为"阴谋论"的解释就是:《全能战士》这款游戏是一项宣传工作的一部分,其目的就是为反恐战争争取支持。

游戏修改器和参与式战争游戏设计

创新技术研究所等机构的建立标志着军方与娱乐产业之间的交流融合实现机制化,与此同时,游戏制作方与游戏玩家之间的传统界限也开始日益模糊。在 ID 软件公司于 1994 年发布《毁灭战士》游戏关卡编辑器后，多个游戏公司开始竞相效仿，允许游戏玩家们修改与游戏相关的各类参数。随着互联网的普及，修改游戏的行为开始成为一种普遍现象。很多游戏修改器都成为极为专业且有效的游戏附带产品。ID 软件公司敏锐地觉察到：这一现象对扩大玩家群体而言甚为重要，将游戏修改器融入游戏之中也具有重要的商业价值。ID 软件公司的约翰·卡马克于 1996 年发布了《终极毁灭战士》，这款游戏中包含了由用户对游戏进行的各类编辑，约翰·卡马克还允许参与游戏编辑的各位用户分享游戏发售后的相关信息。[20] 由于游戏玩家们乐于给《毁灭战士》添加新的内容，这款游戏的生命周期远远超过了人们的预期。与此同时，用户们还积累了大量有商业价值的游戏经验，这些经验对游戏的潜在玩家来说很有吸引力，而且这样做也节省了公司开展相应研发工作的精力。

　　游戏修改器发展的第二个阶段——也有人将其称为游戏修改器发展的巅峰时期——开始于 1996 年。这一年，ID 软件公司发布了《雷神之锤》，这款游戏是用 Quake-C 语言编写的，这种计算机语言是 C 语言的一个组成部分，也是约翰·卡马克为编写《雷神之锤》而专门设计的。《雷神之锤》成了首款真正意义上的三维游戏，而且 Quake-C 语言也引发了前所未有的参与游戏创作的风潮。《雷神之锤》的游戏修改器数量迅速增加，同时互联网上也出现了专门为各个版本的《雷神之锤》制作游戏修改器的活跃群体，这些群体甚至可以对游戏的人工智能模块进行修改。未受过专门编程培训的电脑玩家也能获得指导，他们不光可以设计自己想要的关卡场景并在其中设置各种怪兽，而且可以设计在特定场景下怪兽会如何行动。如果玩家不喜欢游戏中原有的怪兽设定，还可以自己动手设计符合自己要求的怪兽——玩家们确实也在这么做。多个网站——如 www.planetquake.com，www.actionnation.com，www.botspot.com 和 www.planet-unreal.com 等开始提供对游戏修改器制作者的访谈，内容涉及如何制作游戏补丁等，网站还为潜在的人工智能创新人员设置了公共论坛和教育课程，以协助其编写新的脚本并使用现成工具对游戏进行修改。

在遍及世界各地的游戏修改器制作者当中，有部分人员获得了传奇般的地位，因为他们改变了游戏的使用规则。这批人当中的名人之一就是本·莫里斯。1994 年莫里斯才十多岁，但他却编写出了"《毁灭战士》编辑工具"，这是世界上使用最为广泛的《毁灭战士》游戏修改器。[21] 莫里斯的编辑工具在游戏修改器领域引发了强烈反响，这款工具被视为设计全新游戏的重要资源，新设计的游戏给人带来与原版游戏完全不同的视觉体验和游戏感受。自 1996 年《雷神之锤》开始发售起，莫里斯就开始设计名为"工艺世界"的游戏编辑软件。当年 12 月，这款编辑软件设计完成并供人免费下载使用。马克·雷德洛在其为《连线》杂志撰写的名为"街头信誉"的专栏文章中指出：你想体验一下成为上帝的感觉吗？这并不难。如果你拥有一台电脑和一套注册版的《雷神之锤》游戏，再加上一款威力强大的编辑软件"工艺世界"，你的梦想就能成真。就在本周，我在"工艺世界"的帮助下创造了一个全新的世界，虽然这个世界不大，但他完全是我个人意愿的体现……仅仅使用少量的简单形状（方形、楔形和长钉等，未来的"工艺世界"中还会有更多其他形状），你就可以搭建出各种可以想到的结构。你可以在你的游戏地图上随心所欲地搭建各种建筑、安置各种怪兽，你还可以将你修改完成的地图上传到"工艺世界"网站上，邀请你的朋友分享你的劳动成果。[22]莫里斯的重要性不仅体现在创造了新的工具使游戏玩家能够参与到游戏编辑之中，而且体现在他的工具能够把既有的游戏改变成有着完全不同的视觉外观和游戏体验的全新游戏上，从而给人全新的游戏审美体验。在发布"工艺世界"不久之后，一家新成立的游戏公司——维尔福软件公司就将其招入了设计团队，以参与游戏《半条命》的开发工作。在维尔福公司中，莫里斯参与了多款游戏的设计，这些游戏给人们带来了前所未有的真实感和情感体验。维尔福软件公司在推广商业游戏的途径方面也走在了前列，此外该公司还极大地鼓励和促进了游戏修改器的研发和商品化。

维尔福软件公司的创始人是加布·纽维尔和麦克·哈灵顿。两人都是有着传奇经历的软件工程师。在微软公司 Windows 平台工作十余年后，他们将股份兑换为现金，成为从微软公司走出的百万富翁。[23]纽维尔和哈灵顿都是铁杆游戏玩家，两人都想将自己掌握的技术用于游戏设计。由于进入游戏行业的前景仍不明朗，纽维尔和哈灵顿专程前往 ID 软件公司拜访了约翰·卡马克。卡马克将《雷神之锤》的引擎代码授权给了纽维尔和哈灵顿，并鼓励两人进入游戏领域创业。在得到《雷神之锤》的引擎代码后，纽维尔和哈灵顿邀请本·莫里斯与他们合作，使用"工艺世界"工具来开发他们的首款游戏《半条命》。这款游戏由马克·雷德洛授权，其情节和背景都有对《毁灭战士》和《雷神之锤》致敬的成分，该游戏与卡普空公司 1996 年推出的《生化危机》也有着相似之处（参见图 1.5）。

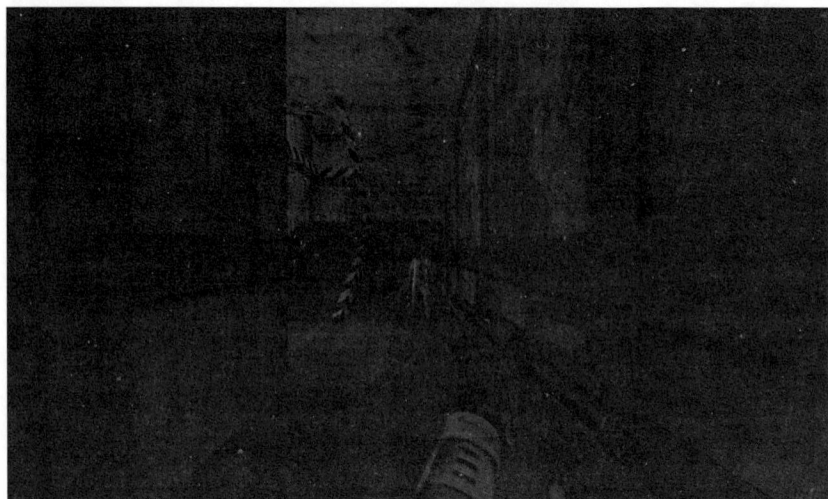

图 1.5　游戏《半条命》的屏幕截图

　　《半条命》是游戏设计领域的一个里程碑，这款游戏在射击类游戏领域迈出了近乎革命性的一步。[24] 与《毁灭战士》和《雷神之锤》类似，《半条命》是一款第一人称射击游戏，玩家在游戏中靠完成作战任务、解决相应难题来打通关卡。但与 20 世纪 90 年代晚期的其他游戏不同，《半条命》使用了脚本化的进程来推进游戏主要情节的发展。当时的大多数第一人称射击类游戏都使用间歇式剧情画面和基于文本的任务介绍，而《半条命》的故事情节却完全通过游戏的进程来推进，这就使玩家能够在整个游戏过程中保持第一人称视角。玩家在游戏全程都通过游戏主人公戈登的视角观察事物。《半条命》也没有升级通关的设置，这款游戏把整个情节分成了多个章节，玩家在游戏中行进到一定阶段，游戏章节的主题就会在屏幕上出现。除了加载游戏内容之外，游戏的整个过程都是连贯的。游戏的结构以及其使用的 20 世纪 90 年代后期的先进图像及声音技术给玩家们带来了身临其境的游戏体验，并使玩家与游戏角色之间情感相通。正如加布·纽维尔在 2011 年接受一次采访时所说的那样：从多个角度看，玩家对传统第一人称视角游戏的体验日趋平淡，《半条命》正是对这一趋势的挑战。我们中的很多人爱上电子游戏的原因就是电子游戏领域充满了各种可能，但我们觉得娱乐产业正在通过限制游戏体验的多样性来求取共同性，而不是充分探索各种可能。我们希望在游戏中建设世界和塑造人物能够比构建射击场景更加受到重视。[25]《半条命》于 1998 年问世，是当时最为成功的单玩家第一人称射击类游戏。这款游戏获得了多个组织颁发的"年度最佳游戏"大奖，获奖次数达到了 50 次以上。《半条命 2》于 2004 年发布，该游戏使用了更多的第一人称模拟设计。一名评估人员曾将《半条命 2》称为游戏史上最为成功的第一人称射击类游戏：这款游戏与其他大多数动作类游戏不同，并不是你在扮演游戏主角，而是游戏主角在扮演你。游戏主角寡言少语，这不是因为表达缺陷，而是有意为之，这样玩家可以有更多的空间把自己的性格特点融入《半条命 2》的游戏场景当中。戈登就像一个容器，容器里装的是玩家的体验、行为和本能反应。[26]

除了在游戏结构和仿真叙事风格方面引领潮流之外，维尔福公司给游戏产业发展带来的更为重要的影响可能就是：该公司制定了明确的战略，创建了专门的结构模式，以使游戏玩家以及游戏编辑器的设计群体都积极参与到游戏开发进程当中，从而促进游戏的商业化发展。维尔福公司在这方面的发展源于《反恐精英》这款游戏，它可能是迄今为止最为成功的一款修改游戏，是由"鹅人"

李明领导的团队对《半条命》进行修改的产物。从事上述工作时，李还是西蒙弗雷泽大学计算机科学系的一名学生。[27]

在开始制作《反恐精英》这款游戏之前，李在游戏修改界已经因为开发了以《雷神之锤》为母版的游戏《海豹突击队》而声名鹊起。在完成《海豹突击队》的开发后，李决定以 1998 年初发布的游戏《半条命》为母本开发修改版游戏。与 ID 软件公司一样，维尔福公司在游戏正式发布后几个月就发布了一款软件开发工具包，李随即做好了利用该工具包进行游戏修改的准备。在大学的最后一年，李设计出了第一版《反恐精英》，并且组成了一个包括地图设计人员、建模人员、编辑人员的团队，以共同编辑这款游戏。这个开发团队最终扩大到 12 人，这些人分布在世界各地，在游戏最终发布前，团队中有些人甚至素未谋面。《半条命》主要讲述了一个科幻故事，其梗概就是人们在黑山研究所进行的有关隐形传输技术的物理实验出现了故障。而《反恐精英》把这个故事转换成了一个多玩家分组开展军事对抗的游戏，玩家在游戏中分别扮演携带炸药的恐怖分子和反恐人员进行对抗。《反恐精英》没有使用让《半条命》取得成功的仿真叙事方式和场景描述，但这款游戏依然在玩家中广受好评。在游戏中，《反恐精英》设计团队设置了一个类似角斗场的平台，玩家在这个平台上进行多人联网第一人称射击游戏。《反恐精英》的首个测试版于 1999 年 6 月上线。到了 1999 年末，这款游戏已经成为游戏史上最受欢迎的线上游戏，其同时上线人数达到 6.5 万人。随着《反恐精英》的热度不断提升，加布·纽维尔专程与李联系，以期将这款游戏作为一款单独的商业游戏发售。通过与游戏修改团体建立共生关系，并且将《反恐精英》作为其游戏附带

图 1.6 《反恐精英》的屏幕截图

产品提供免费下载的办法，维尔福公司不仅扩大了《半条命》的市场规模，而且将《反恐精英》也转变成了该公司旗下的商品。《反恐精英》和其他一些受欢迎的修改版本开始与《半条命》一起打包发售。到了 2000 年末，《反恐精英》已经成为职业电子竞技联盟锦标赛所选用的游戏之一。在该联盟 2002 年于达拉斯举行的 CPL "奔腾 4" 夏季赛上，《反恐精英》被选为主要比赛用游戏，其奖金合计高达 10 万美元（参见图 1.6）。[28]

《美国陆军》

如前文所述，自 1995 年起，军方就有意通过商业手段将娱乐产业的先进技术引入到军队的训练和模拟工作中，1999 年创新技术研究所的成立使这一目标得以实现。显而易见，游戏和交互式娱乐活动已经成为推进网络化虚拟环境发展的主要动力；为了跟上建模和模拟技术的发展，国防部需要研究关于网络化娱乐的理念、技术和能力。在这种情况下，军方迅速对早期的游戏开源运动加以利用，意图对现有的游戏进行修改以使其能够作为训练工具使用——制作海军陆战队版《毁灭战士》就是例证之一。作为新兴网络经济中最为先进的行业之一，游戏行业充分利用了游戏修改群体的力量，促成了该行业的一些重要发展。ID 软件公司和维尔福公司的经历就充分展示了上述发展给游戏行业带来的巨大影响：在线多人第一人称射击类游戏被推升到了一个新的水平，很多玩家参与到游戏创作当中，为游戏增添了新的内容。

受《反恐精英》及其他修改类游戏取得成功的启发，美国陆军做出了一项有争议的决定：制作自己的电子游戏——《美国陆军》，以使民众了解美国陆军的运作程序和价值观。该游戏由海军研究生院建模虚拟环境与模拟研究所使用国家税收拨款研发，并发布在互联网上供免费下载。显然，这款游戏被用作了招募人员和开展公关活动的工具。《美国陆军》充分利用了《反恐精英》等竞技场射击类游戏的名气，在游戏中使用了设计精美的图像并使用了最为先进的商业游戏引擎（虚幻游戏引擎），仅用于此的成本就达到约 800 万美元。这款游戏仍然属于射击类游戏，但其更强调多玩家在战斗中的团队合作。游戏取得了巨大成功，军方甚至不得不添加服务器来满足玩家的需求，有报道称：这款游戏发布首日的下载量就达到了 40 万次。到了 2002 年 8 月下旬，该游戏的网站点击率仍保持在每秒 120 万次。上线后的头两个月，《美国陆军》的下载量就达到了 250 万次，玩家创建的游戏账号达 71.6 万个，其中有 43.2 万名玩家成功完成了游戏中基础训练阶段的 5 项任务。多年来，注册该游戏账号的玩家已经超过 1300 万名，上线玩家的游戏总时间超过了 2.6 亿小时。[29] 知名游戏评估组织 Gamespot 不仅在《美国陆军》发布后不久就为其打出了 9.8 分的高分，而且认为这款游戏背后的商业运作模式也非常值得称道。[30]

设计《美国陆军》的想法产生于 1999 年，时任经济与人力资源分析办公室首席经济师、西点军校经济学教授凯西·沃德斯基提出了这个想法。在 2003 年 8 月于美国海军研究生院 MOVES 研究所举行的《美国陆军：特种部队》发布会上，凯西·沃德斯基解释了设计这款游戏的总体目标和背后原因。美国陆军在招募人员方面出现了问题，当时使用所谓成功的广告模式——如每年花费 500 万美元来赞助一支纳斯卡赛车队等——在沃德斯基看来是有问题的，这些方式无法满足为 21 世纪的军队招募人员的需求。沃德斯基还引述一份陆军研究材料的结果表示："信息处理能力和对信息文化价值观的掌握对未来高技术、网络化的陆军发挥效能而言极为重要，而年轻的美国游戏玩家们在这些方面经验丰富。更为重要的是：当这些年轻人进入陆军后，他们会愈加直观地发现重要的信息都是通过电脑显示屏来展示，这种信息显示方式与他们在游戏中遇到的图像界面类似。"[31] 十几二十岁的青年人是游戏的目标人群，尤其是年龄在 18—25 周岁掌握计算机技能的男性，军方希望将他们招入其计划组建的网络作战力量。凯西·沃德斯基希望制作一款电脑游戏，以向年轻人介绍军队的生活，鼓励他们将参军作为求职的一个选项。在游戏中，军方可以展示军人生涯与军人职业价值观之间的相互关系，这些职业价

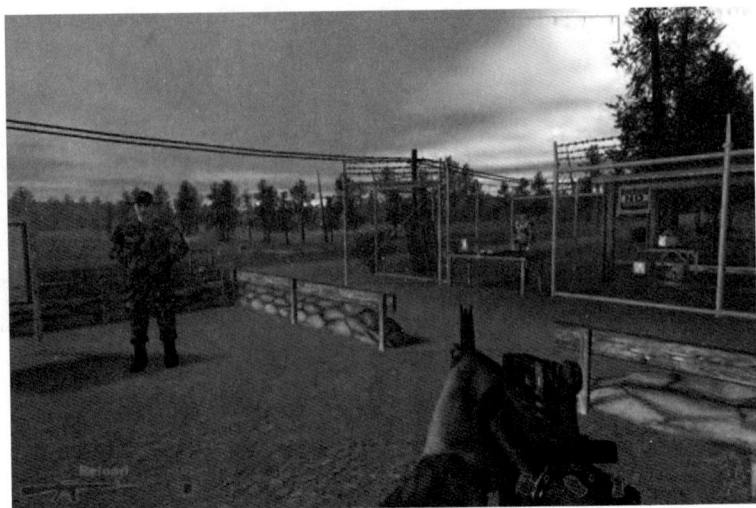

图 1.7 《美国陆军》中集中训练营的场景

值观包括责任心、荣誉感、正直、忠诚、勇敢、无私和尊重他人等。接受这些价值观是游戏玩家不断升级和积累游戏经验的必要前提（参见图 1.7）。

除了灌输上述价值观之外，这款游戏在设计中还强调现实主义。首席游戏设计师迈克尔·齐达曾解释道：这款游戏的产品说明中要求其带给玩家的体验与真实军营带给人的体验相同，游戏要能够实事求是地代表军队，尤其是能够体现军队的价值观、行为准则和职业素养，并能够在游戏中精确描述军队的层级、使命、武器、装备、服装、环境、纪律、战术和工作程序。简而言之，游戏的设计目标就是：能够让一个军队士官玩起这个游戏来都爱不释手。要实现这一目标，这款游戏就需要采取一种新的设计思路和游戏模式，使其与既往的第一人称射击类游戏和其他角色扮演类游戏不同。

　　为了传递上述价值观，《美国陆军》需要玩家在接受游戏的任何一项中心任务前，首先完成基础阶段的训练。在从网上集中训练营阶段晋级到更富挑战性的阶段之前，《美国陆军》的玩家需要先学习基本的战术、武器使用技能、交火规则和操作游戏人物的基本电脑技能。与此类似，为解锁特定角色和特定地图，玩家需要参加高级训练营，以获取执行特定任务的资格，这些特定岗位包括神射手、空降兵、卫生员及特战队员等。其中特战队员的训练包含了最富挑战性的内容，这也是为了模仿真实特战队员训练时所面临的各类挑战。

　　很多射击类游戏的典型做法是通过击杀对手或完成任务来升级，但《美国陆军》采取了不同的做法：在这款游戏中，玩家通过在"荣誉"体系中获得积分来升级，这个体系类似于陆军中以功勋为基础的提升体系。《美国陆军》的研发人员解释称，游戏中最初的几个等级就是为了教会玩家以陆军的方式来思考问题："举例而言，在基本训练阶段，你可以选择做一名救生人员。选择这一工作反映了你的职责意识和奉献精神，你可以因此获得积分，也提升了通过培训的概率。执行任务时，你的同伴在你面前倒下。你可以照料他们，这会提升你的忠诚度和荣誉值，你也可以选择继续前进，但你会因此丢掉积分。如果你停下来，你自己也会成为敌人的目标，所以停下需要勇气；如果你被击中，你的生命值就会降低……能够在完成任务的同时挽救你和同伴的生命，你就可以赢得最多的积分，这和真实战争中的情况类似。"[32]

　　《美国陆军》中的军事色彩和情节的严密性在其交战规则中体现得最为明显。与《反恐精英》不同，《美国陆军》中的友军伤害功能一直处于打开状态：如果一个玩家误伤了同伴或平民，他的荣誉积分就会被扣掉交战规则中相应的分数以示惩戒。如果一个玩家有严重违反交战规则的行为，这个玩家可能会被从游戏服务器中踢出。在游戏开始阶段直接瞄准并向同伴射击，将会扣除比误投手雷而造成队友丧生更多的分数。根据服务器的设定（默认值为 −500 分），如果一名玩家在游戏过程中行为过于鲁莽或不符合陆军要求，这名玩家就可能会被送入虚拟的位于利文沃斯堡军事监狱的牢房里。[33]

《美国陆军》没有模仿《反恐精英》的评分机制，在迈克尔·齐达和他的同事们设计的评分机制中，击杀敌人不再是重点评估标准，通过团队协作完成任务才能拿到更高分数。据齐达表示：尽管铁杆游戏玩家一开始并不看好这套评分机制，但很多玩家逐渐发现在谨慎使用暴力手段的情况下，他们往往能取得更高的分数。[34] 最终，这种评分机制使玩家更为公平地获取游戏经验，同时游戏也提升了陆军的口碑，减少了人们对"陆军训练年轻人成为杀人机器"的批评。研发团队还在游戏中添加了一项功能，就是可以显示一名玩家是否是美国陆军的现役军人。当被认定为现役军人的玩家上线时（这款游戏的玩家中有很多现役军人），他的名字后面会显示一颗象征军方人员的星星。这就可以让其他玩家知道他们是在和一名真正的军人互动，从而增强军人与普通玩家之间的情感联系。

迈克尔·齐达和凯西·沃德斯基的另一个共同目标就是使用这款游戏来收集相应的数据，以评价一名玩家的学习能力、领导能力和精神状态。沃德斯基和《美国陆军》的设计团队制作了一套复杂精细的数据跟踪系统，这套系统可以收集的信息包括玩家的在线时间（顶级玩家每日平均在线时间为 4 小时）、每节游戏或每个小时玩家击杀人员的数量、玩家擅长的战场类型及其他类似数据等。这些玩家数据都被存入一个名为"仙女座"的数据库中，玩家可以通过持续的在线行为创造"另一个自己"，这个"影子"能够随着玩家的级别提升而不断晋级，而玩家提升级别的方式包括接受更多的训练、执行特殊任务等，这些行为都能够为玩家增加有价值的数据。[35] 游戏资格测试的内容多样，需要玩家首先选定一个角色，再在游戏中不断完成角色升级；玩家在游戏过程中的表现则以数据的形式被弗吉尼亚州亚历山德里亚陆军行为科学研究所的心理学家所使用，以形成这款游戏的数据收集协议模型，这个过程也是对军队职业能力测试的模仿。军队职业能力测试是新兵入伍时接受的一项测试，测试结果将决定新兵未来在军队中从事何种职业。凯西·沃德斯基还预想：当参加军队招募时，被招募者可以根据自己在游戏当中的表现来选择现实中的工作，以帮助其在军队中找到更合适的岗位。

《美国陆军》取得的巨大成功也是自 20 世纪 80 年代末到新千年模拟网络投资的顶峰。随着东 73 之战和"奥丁"工程打开了军方利用网络化模拟器复盘评估过往战役，并且为未来战役进行训练准备的大门，《美国陆军》向人们展示了将各个系统整合成一个普遍使用的平台的前景。"模拟网络"之父杰克·A. 索普在一篇题为"分布式模拟的前景，永恒世界，指挥和控制"的讲话中专门谈到了《美国陆军》可能对未来军事训练带来的革命性影响。索普在讲话中没有首先提及军方，而是首先提到了奥森·斯科特·卡德的科幻小说《安德的游戏》。安德是未来世界的一名年轻军官，他通过赢得一场战争模拟游戏的胜利，使整个世界避免被毁灭的命运，而这个模拟游戏实际上是另一个世界中的真实战争。在安德的世界里，游戏模拟器不仅是培训未来勇士的工具，而且可能成为指挥和控制真实战争的系统。索普认为，《美国陆军》这款游戏与安德在作战学校中接受的训练有相同的效果；他还预想，未来会出现综合的作战训练设施，这类设施能够为作战决策人员提供终生学习的环境，在这个环境中，作战决策人员将遵循主动教学法，并得到各类作战模拟器的引导——这种综合设施将为美军及盟军指挥官们提供类似综合训练场一样的服务。[36]

除了向我们展示在虚拟环境中掌握主动权所需付出的努力之外，《安德的游戏》还告诉我们游戏就是现实。索普提醒观众们：依靠遍布各处的传感器来进行计算的环境很快就会形成。计算机将进入我们生活的方方面面，因此"游戏"也将无处不在。索普表示："在未来遍布计算机的环境中，你会感到你我的行为就像是在玩游戏一般，但我们却是真的在执行某项任务、控制某个事物或解决某个现实世界的问题。我们可以通过建模或模拟来更好地理解我们究竟想要做什么，因为建模和模拟是先进的信息技术。一旦我们建立了模拟器（或是设计了一款游戏），我们就不光拥有了建立真实系统的原型，我们还拥有了系统本身。我们知道这一天正在到来。《美国陆军》就向我们展示了我们在向着这个方向前进。这就是为什么这款游戏如此重要。"[37]

当前，《美国陆军》已可复制一个人从参加招募到接受基础训练，再到接受其选择的军事专业升级训练的整个过程。但军方人员还可以对其进行调整以满足他们的需求，他们可以设计一场军事行动，使用这款游戏来培训人员执行这项任务的能力。通过对人员招募及一些有军队特色的工作进行模拟，《美国陆军》已经向着这个方向迈出了第一步。允许真正的军人参与这款游戏并与普遍玩家和新兵一起训练，这是向着实现上述目标迈出的第二步。最终我们可以试着设置其他不同的行动背景，并且从真正有经验的军人身上收集数据。

在谈到普适计算以及虚拟与现实相结合等主题之后，索普推测："如果虚拟与现实之间没有差别，如果启示与真实之间完全一样，那么我们就可以采取措施，让虚拟世界和现实世界融为一体。"他还以一个未来想象中的场景为例进行了分析，这个场景中包括无人机、特种部队以及与美军地面分队合作的起义者等。索普指出：军方很快就能掌握先进的侦察技术，依靠这种技术，军方可以通过空中的无人机获得图像资料，并对这些图像资料进行近实时的处理，将其转换成三维游戏场景。他指出："所有这些对我们都是一个启发，让我们想到可以设计一款在世界各地都能被接受的游戏，让人们可以在游戏中解决一些目前只有极为专业的人员才能解决的问题……目标的名称都是线上人员所定，这些人并不全都是你的对手……游戏使玩家能够因应民众的意愿、改变民众的意愿，把重点放在取得胜利所必需的关键机制上。"[38]

索普的观点是：应该对实施军事行动持开放态度，让民众都能参与到其中，这一观点毫无疑问会引起质疑。但尽管如此，这样一套整合系统的出现将标志着军事－娱乐业数十年发展的巅峰。从早期的模拟网络到《美国陆军》，再到游戏修改人员参与到第一人称射击类游戏的发展之中，平民与军人、消费者与生产者、虚拟现实与现实世界之间的差别正在逐渐消失。军方与娱乐业之间的合作将上述相互关系转变成了潜在的工具，这些工具既可服务于交互式体验也可用于实施战争。安德和《美国陆军》告诉我们的就是：如果你能把战争做成一款游戏，你就能赢得这场战争。

注释

1 J. Martin Graetz, "The Origin of Spacewar," *Creative Computing*, 7, no. 8 (1981); Stewart Brand, "Spacewar: Fanatic Life and Symbolic Death among the Computer Bums," *Rolling Stone*, December 7, 1972; Ed Halter, *From Sun Tzu to Xbox: War and Video Games* (New York: Thunder's Mouth Press, 2006); J. C. Herz, *Joystick Nation: How Videogames Ate Our Quarters, Won Our Hearts, and Rewired Our Minds* (Boston: Little, Brown, 1997).

2 Fred Hapgood, "Simnet," *Wired*, April 1, 1997, http://archive.wired.com/wired/ archive/5.04/ff_simnet.html.

3 Jack A. Thorpe, "Future Views: Aircrew Training, 1980–2000," unpublished concept paper at the Air Force Office of Scientific Research, September 15, 1978, discussed in Richard H. Van Atta, Sidney G. Reed, and Seymour J. Deitchman, *DARPA Technical Accomplishments: An Historical Review of Selected DARPA Projects*, vol. 2 (Alexandria, VA: Institute for Defense Analyses, April 1991), 16-10; Michael Harris argues that SIMNET was inspired by the Atari game Battlezone: see "Entertainment Driven Collaboration," *Computer Graphics* 28, no. 2 (1994): 93–96.

4 Van Atta, Reed, and Deitchman, *DARPA Technical Accomplishments*, 16-10n50.

5 Van Atta, Reed, and Deitchman, *DARPA Technical Accomplishments*, 16-13.

6 Jack A. Thorpe, "The New Technology of Large Scale Simulator Networking: Implications for Mastering the Art of Warfighting," in *Proceedings of the 9th Interservice Industry Training Systems Conference*, November 30–December 2, 1987, American Defense Preparedness Association, 1987, 492–501.

7 R. J. Lunsford Jr., US Army Training Systems Forecast, FY 1990–1994, Project Manager for Training Devices, October 1989 (Orlando: US Army Materiel Command), 14, cited in Van Atta, Reed, and Deitchman, *DARPA Technical Accomplishments*, 16–31.

8 F. Clifton Berry Jr., "Re-creating History: The Battle of 73 Easting," *National Defense* 76, no. 11 (1991).

9 Ibid. Also see the discussion of the Battle of 73 Easting in Bruce Sterling, "War Is Virtual Hell," *Wired*, January 1, 1993, https://www.wired.com/1993/01/virthell/; see especially the last two pages of the online article.

10 Berry, "Re-Creating History," 6–9; 73 Easting is also discussed in Kevin Kelly, "God Games: Memorex Warfare," in *Out of Control: The Rise of Neo-Biological Civilization* (Reading, Mass.: Addison-Wesley, 1994), http://kk.org/mt-files/ outofcontrol/ ch13-e.html.

11 US Department of Defense, Office of the Inspector General, "Requirements Planning for Development, Test, Evaluation, and Impact on Readiness of Training Simulators and Devices" (a draft proposed audit report), Project No. 5AB-0070.00, January 10,

1997, Appendix D.

12 See Steven Woodcock's biography, http:// www.gamasutra.com/view/ authors/73/ Steven_Woodcock.php; also see Donna Coco, "Creating Intelligent Creatures: Game Developers Are Turning to AI to Give Their Characters Personalities and to Distinguish Their Titles from the Pack," *Computer Graphics World* 20, no. 7 (1997): 22–28.

13 Michael Macedonia reported that perhaps the most successful use of commercial games for training has been with Microsoft Flight Simulator. The navy issued a customized version of the software to all student pilots and undergraduates enrolled in Naval Reserve Officer Training Courses at sixty-five colleges. The office of the Chief of Naval Education and Training has also installed Flight Simulator at the Naval Air Station in Corpus Christi, TX, and plans to install it at two other bases in Florida. See J. C. Herz and Michael Macedonia, "Computer Games and the Military: Two Views," *Defense Horizons* 11 (April 2002): 1–8, esp. 7.

14 General Charles C. Krulak, Marine Corps Order 1500.55, "Military Thinking and Decision Making Exercises," http://www.marines.mil/Portals/59/ Publications/ MCO%201500.55.pdf.

15 Rob Riddell, "Doom Goes to War," Wired, April 1, 1997, https://www. wired. com/1997/04/ff=doom/.

16 See Tim Lenoir, "All but War Is Simulation: The Military Entertainment Complex," Configurations 8 (2000): 238–335; Stephen Kline, Nick Dyer-Witheford, and Greig de Peuter, *Digital Play: The Interaction of Technology, Culture, and Marketing* (Montreal: McGill-Queen's University Press, 2003), 182–183.

17 Michael Macedonia, "Why Digital Entertainment Drives the Need for Speed," *Computer* 33, no. 3 (2000): 124–127.

18 Committee on Modeling and Simulation, *Modeling and Simulation: Linking Entertainment and Defense* (Washington, DC: National Academy Press, 1997).

19 Roger Stahl, *Militainment, Inc.: War, Media, and Popular Culture* (New York: Routledge, 2010), 96; Nick Dyer-Witheford and Greig de Peuter, *Games of Empire: Global Capitalism and Video Games* (Minneapolis: University of Minnesota Press, 2009), 105–106.

20 On the development of mods and the shareware movement in gaming, invaluable sources are Wagner James Au, "Triumph of the Mod," *Salon*, April 16, 2002, https:// www.salon.com/tech/feature/2002/04/16/ modding/; J. C. Herz, "Gaming the System: What Higher Education Can Learn from Multiplayer Online Worlds," in *Educause: Publications from the Forum for the Future of Higher Education* (2001), 169–291, https://net.educause.edu/ir/library/pdf/ ffpiu019.pdf; J. C. Herz, "Harnessing the Hive: How Online Games Drive Networked Innovation," *Release 1.0* 20, no. 9 (2002). 1–22, http://www.oss.net/dynamaster/ file_archive/041017/

96a13ea1954b 4fa57ad78d790077637a/JC%20Herz%20 on%20Harnessing%20 the%20Hive%20 Via%20Online%20Games.pdf; J. C. Herz and Michael Macedonia, chief scientist for STRICOM, engaged in an extremely interesting and provocative discussion on user communities, game design, and the military in "Computer Games and the Military: Two Views," *Defense Horizons*, April 2002, 1–8. See especially Julian Kücklich, "Precarious Playbour: Modders and the Digital Games Industry," *Fibreculture Journal* 5 (2005), http://five.fibreculturejournal. org/fcj-025-precarious-playbour-moddersand- the-digital-games-industry/.

21 Ben Morris's career is discussed on many game websites. One of the most helpful interviews was done by Vangie "Aurora" Beal, "The Past, Present and Future of Worldcraft," 1999, http://www.quakewiki. net/archives/legacy/design/rora-wc.html.

22 Marc Laidlaw, "My World and Welcome to It," Wired, March 1, 1997, http:// www. wired.com/1997/03/my-world-andwelcome- to-it/. Laidlaw subsequently joined Valve Software as a writer and game designer.

23 For background on Valve, see Jeff Dunn, "Full Steam Ahead: The History of Valve," *Gamesradar* 4 (October 2013), http:// www.gamesradar.com/history-of-valve/; Michael Thomsen, "Ode to Source: A History of Valve's Tireless Game Engine," IGN.com, September 22, 2009, http:// www.ign.com/articles/2009/09/22/ ode-tosource- a-history-of-valves-tireless-gameengine.

24 Ron Dulin, "Half-Life Review: Half-Life Is the Closest Thing to a Revolutionary Step the Genre Has Ever Taken," *Gamespot*, November 20, 1998, http://www. game spot.com/reviews/half-lifereview/ 1900-2537398/.

25 Nicholas Tufnell, "Interview: Gabe Newell," *Cambridge Student*, November 24, 2011, http://www.tcs.cam.ac.uk/ interviews/0012301-interview-gabenewell. html.

26 David Houghton, "Why Half-Life 2 Is Still the Greatest FPS Ever Made, 10 Years On," *Gamesradar+*, November 16, 2014, http://www.gamesradar.com/why-halflife- 2-still-greatest-fps-ever-made-10- years/.

27 Minh Le, "I Am Minh Le, Aka. Gooseman, Co-Creator of the Original Counter- Strike and Now Tactical Intervention, Ama!" Reddit.com 2014, http://www. reddit.com/r/ IAmA/comments/1dkeht/ iam_minh_le_aka_gooseman_cocreator_ of_the/; Bruce Rolston, "The Secret Life of Gooseman," *Adrenaline Vault*, December 29, 2000, http:// www.snappingturtle. net/jmc/flit/avault_gooseman.htm.

28 "Cyberathlete Professional League Kicks-Off Summer Championship Event," *PR Newswire*, July 16, 2002, http://www.prnewswire. com/news-releases/ cyberathleteprofessional- league-kicks-off-summerchampionship- event-76218382. html.

29 See America's Army Fact Sheet, and America's Army Backgrounder at http:// www. americasarmy.com/press.

30 See Amer Ajami, "America's Army Operations Preview," *Gamespot PC Previews*, July 2, 2002, http://www.gamespot.com/ articles/americas-army-operationspreview/ 1100-

2873293/; Brian Kennedy, "Uncle Sam Wants You (To Play This Game)," *New York Times*, July 11, 2002, http://www.nytimes.com/2002/07/11/ technology/uncle-sam-wants-you-toplay- this-game.html; Kyle Ackerman and Rob de los Reyes gave *America's Army* their E3 award for the best business model for a game; see "Frictionless Insight's First Annual E3 Awards," *Frictionless Insight*, May 24, 2002 http://www. movesinstitute. org/~zyda/Press/Frictionless24May2002. pdf. And it was *Gamespy's* "Best PC Action Game runner-up 2002," http://gamepipe. usc.edu/zyda/styled/index.html.

31 The study is quoted in Gary Webb, "The Killing Game," *Newsreview.com: Sacramento News & Review*, October 14, 2004, http://www.newsreview.com/ sacramento/ killing-game/content?oid=31755.

32 Margaret Davis et al., "Making America's Army: The Wizardry behind the U.S. Army's Hit PC Game," in *America's Army PC Game: Vision and Realization*, ed. Margaret Davis. Monterey, CA: US Army and MOVES Institute, 2004), 11.

33 David B. Nieborg, "Changing the Rules of Engagement—Tapping into the Popular Culture of America's Army, the Official U.S. Army Computer Game" (MA thesis, Utrecht University, 2005), 25.

34 Zyda et al., "From Viz-Sim."

35 Webb, "Killing Game."

36 Margaret Davis, "He Saw It Coming: An Interview with Jack Thorpe," in *America's Army PC Game: Vision and Realization. A Look at the Artistry, Technique, and Impact of the United States Army's Groundbreaking Tool for Strategic Communication*, ed. Margaret Davis (Monterey, CA: U.S. Army and the MOVES Institute, 2004), 30–31; reprised in Jack Thorpe, "Trends in Modeling, Simulation, & Gaming: Personal Observations about the Past Thirty Years and Speculation about the Next Ten," *Interservice/Industry Training, Simulation, and Education Conference* (I/ITSEC), 2010, 1–53.

37 Davis, "He Saw It Coming."

38 Jack A. Thorpe, "Perspectives on Distributed Simulation, Persistent Worlds, Command, and Control," presentation at the MOVES Institute, Monterey, CA, September 2003.

第二章

招揽回头客：史诗现实主义和战争游戏专营的产生

《使命召唤》成了独特的史诗现实主义混合体的代表……要让游戏给人真实感，不能让人觉得它是一个军用模拟软件，我们在这一点上做到了平衡。《使命召唤》给人的感觉更像是一部好莱坞动作大片，我们就是想借此带给玩家一段激动人心的经历，让他们在游戏过程中体会肾上腺素飙升的感觉。

——动视公司首席执行官埃里克·赫什伯格

进入 21 世纪以来，军事 – 娱乐复合体的受欢迎程度不容置疑。它不仅吸引了大批忠实拥趸，而且促进了电影中的视觉盛宴与电子游戏中的交互操作在美学层面上的融合。在前面的章节中，我们追溯了早期电子游戏产业与军方资助的模拟器和招募平台研发之间的关系，在本章节，我们将重点介绍这种关系是如何随着军事射击类游戏的兴起而发生显著变化的。

先前有关军事－娱乐复合体的分析，如罗杰·斯塔尔所做的深入阐述，都将战争游戏日益受人欢迎归功于军方公关工作引发的现实主义审美风潮。如斯塔尔所言："1991 年的'沙漠风暴'行动，让游戏制作方认识到电视荧屏上精心采录的战争报道引发的消费需求……看到消费者对现实感的要求如此之高，游戏制作方开始与五角大楼及军事承包商合作，以推动将训练模拟器作为商品发售，这些训练模拟器大多于 20 世纪 90 年代中期面世。"[1]在对这些游戏的作用进行跟踪研究后，斯塔尔向我们展示了《使命召唤》《库玛战争》和《美国陆军》等游戏是如何追求现实主义的。有些时候这些游戏的画面看起来就像是真实战争的录影。此外，这些游戏还从真实部队中寻求灵感和指引。在本章节中，我们会用一种完全不同但更为有效的方式来描述当前的军事－娱乐复合体。

与研究战争游戏和军用模拟器为何产生于类似的意识形态和体制机制之中相比，对两者的不同点及原因进行精确分析，更加有助于我们掌握细节。我们的观点是：当前的军事－娱乐复合体受到战争游戏开发商"将游戏从不现实变得现实"的影响，这远大于军事承包商及五角大楼公关工作所产生的影响。随着战争游戏的兴起，对美感的构建变得更为重要——其实质就是针对游戏体验建立情感框架，这是一个重视体验甚于重视认知的过程，目的就是让玩家能够沉浸到游戏当中。战争游戏开发商们关注的远不是传递军方独有的价值观和技能，他们最为关注的重点是构建游戏体验，也就是玩家在玩游戏时的感受。当前游戏行业在产品开发、样式规范和市场研究等方面都面临经济、技术和创意的限制，而对美感的构建恰恰可以解决这些问题。我们认为：大约从

2006 年起，军事 – 娱乐复合体的发展进入了一个新的"流行"阶段，即成为游戏公司与军方共同利益融合的产物，而不再是双方协调合作的成果。

今天最受欢迎的战争游戏并未将军事价值观作为其思想基础，他们的主要设计理念是将无趣、痛苦且广受谴责的战争经历变成给人们带来快乐体验的源泉。现实主义的游戏结构和场景常常与丰富多彩、引人入胜的游戏世界不甚协调。战争从本质上讲不是一个令人愉快的事物。游戏开发商需要付出巨大的努力对其进行再加工，才能创作出玩家期待和支持的游戏。

除了培训和招募新兵之外，今天的军事 – 娱乐复合体最为重要的几个组成部分共同构建了一种史诗般的美感，它节奏明快、令人兴奋但缺乏真实感。这些流行游戏从军事行动中借鉴经验时带有机会主义色彩，他们只有在希望提升游戏的真实感时才会把目光投向军队，他们借鉴经验的目的也只是为了使游戏的结构和情节更富吸引力。如果现实主义影响了人们的游戏体验而导致人们不愿再购买这款游戏，游戏开发商们就会放弃从军方借鉴经验的做法。

在上一章节的末尾，我们介绍了游戏《美国陆军》。这款游戏也是流行娱乐与军方利益出现交集的最为鲜明的例证。作为一种人员招募工具，《美国陆军》成效显著，而且从其投入成本来看，这款游戏也是陆军成功的公关工具之一。这款游戏不仅向广大玩家们传递了军队的价值观，而且在培训军方及政府其他部门（如情报部门、联邦应急管理局等）人员方面也发挥了重要作用。这种寓教于乐的做法收到了很好的效果，参训的各个小组能够练习团队协作、战略战术，甚至还可以就特定的武器系统开展训练，而且上述训练都在低风险、低成本、高仿真度的环境中进行。

《美国陆军》和多款系列游戏都使用了广受欢迎的虚幻（Unreal）游戏引擎，这些游戏大多是作为军用产品在内部开发的。与此同时，另一款军用模拟平台也在悄无声息中成型并且开始抢占市场份额。这就是由波希米亚互动工作室设计的第一款游戏《闪点行动》（在发布出现争端后，这款游戏改名为《武装突袭》）（代码大师游戏公司，2001 年发布）。这家公司从 ID 软件公司和维尔福公司汲取了经验，欢迎游戏玩家参与游戏创作，培养了一批非常活跃的游戏修改人员。看到车辆、武器、装备、环境和情节能够如此轻易地实现个性化，BBN 公司等军事承包商们迅速对此给予了关注。在《美国陆军》的研发过程中，制作游戏引擎以上的研发工作都需要有专业人员的参与。但是，对既有游戏进行修改的过程却相对容易很多。[2] 2004 年，BBN 公司在国防高级研究计划局授权下与全浸软件公司共同发布了 *DARWARS Ambush*。这款游戏是《闪点行动》的一个修改版。经调整后，这款游戏成了搜索并排除简易爆炸装置的训练模拟器。支持者们对此大加赞赏，称此举是军事训练史上的一次"革命"，并称"*DARWARS Ambush* 这款游戏能够让你在远离战场的情况下最大限度地感受到真实战场的氛围"[3]。

注意到这种需求后，波希米亚互动工作室开始与美国海军陆战队及澳大利亚军方合作，在其商业游戏基础上制作一款模拟平台，对游戏任务和场景进行修订，使游戏能够更适合非专业人士操作。上述合作的成果就是《虚拟战场空间》，这款游戏目前已经推出第三版，并且已经成为美国陆军的正式模拟平台。《虚拟战场空间》与国防部系统高度融合，能够迅速从地理空间数据库中提取素材并生成模拟场景，从而使受训部队能够在与未来部署地域几乎完全相同的虚拟环境中开展模拟训练。对现实感的追求也延伸到了玩家在游戏中所扮演的人物身上：假如一名军人体重增加，他在游戏中使用的人物也会变胖并且移动缓慢；假如玩家在真实训练中武器操作不合格，他在游戏中所用人物的瞄准技能也会变差。真实生活与虚拟世界之间的差别逐渐消失，这也迫使士兵们在游戏中追求良好表现。[4] 在游戏世界里，武器也有后坐力，子弹也会因重力而下落并会受风力影响，车辆也会出现没油的情况，地图上也有地形等各种信息，作战时通常是对远距离不明敌人采取行动，而不像一般的第一人称射击类游戏那样采取竞技场近距作战的模式。《武装突袭》和《虚拟战场空间》等模拟平台将战争的真实体验放在了首位，鼓励受训军人和普通玩家了解作战过程，但这样做往往会牺牲游戏对人情感的影响和壮观的视觉效果（参见图 2.1）。

模拟平台与战争游戏

在讨论《美国陆军》和《武装突袭》等模拟平台与战争游戏之间的不同点之前，有必要先介绍一下两者的相似之处。正如众多评论家所言，军事射击游戏有一个共同倾向，就是它们对暴力给人造成的持久影响的认识并不深刻。[5] 游戏中的玩家不会看到街道上血流成河、伤者惨叫呼救的场景——这些才是真正的战争场景，他们在游戏中的对手常常英勇作战直至丧生，这些对手即便身中数弹也不会轻易投降。游戏中尸体遍地，尸体上溅满血迹，但经过一段时间后，尸体就会消失，原因是设备的存储装置还需处

图 2.1　在《虚拟战场空间 2》当中，目标通常都在 200 米开外，这与传统战争游戏中的场景不同

理其他更为重要的数据。暴力带给人的不适在很多游戏中都不会持续很长时间，这也导致游戏玩家在现实世界中持有相同认识。

　　无论从实用性、经济性还是艺术性上看，游戏和模拟平台都有理由弱化暴力给人带来的影响而不是强调这种影响。如果训练和招募平台强调冲突给人带来的不适和创伤，那它可能无法发挥教会玩家作战程序和团队协作、吸引玩家加入军队的作用。对战争游戏而言，只强调残暴和创伤同样会破坏暴力和射击类游戏与人的快感之间原生的耦合关系。因此，大多数取得成功的游戏，都对战争这种国家暴力行为进行了积极的描述，这是娱乐和商业的需要，而对战争进行现实主义的再现与这些需要是相悖的。这并不是说战争带来的创伤在战争类游戏和模拟平台中完全不会表现出来，但表现战争创伤的目的是呼唤玩家采取英勇（或是暴力）的行为，而不是引起人们对战争行为本身的质疑。

从宣传的角度来看，这种对战争进行"洗白"的做法源于五角大楼的公关工作，他们的目的就是把战争中可以接受的暴力行为从令人无法接受的暴力行为中分拣出来——但事实上，自古以来的战争中充斥着令人无法接受的暴力行为。上述做法让军方赢得了更多赞誉，却忽视了这样一个事实：流行故事、游戏及其他媒体上所表现的战争，与美国军事文化和准则已经出现了脱节。对战争进行"洗白"的做法从经济性、娱乐性和技术性上看都符合商业游戏开发商的需求，这种做法在战争游戏中迅速流行开来。因为其更符合玩家的意愿，能够让游戏显得更富娱乐性，吸引更多各个年龄段的用户，从而让商家获取更多利润。游戏开发商和发布方对游戏的内容和结构考虑得很是周到，原因就是如果游戏没有趣味性或吸引不了潜在游戏玩家的兴趣，游戏的销量就会受损，也将失去继续开发的动力。游戏必须满足娱乐性、经济性和商业性的要求，这促使开发商们对军事暴力采取积极的表现方式，原因就在于游戏的销量常常取决于它能否给广大消费群体带来正面的、英雄主义的游戏体验。

尽管"洗白"暴力的做法在游戏和模拟平台中都很常见，但弄清模拟平台与游戏之间的区别，对理解军事－娱乐复合体当前的功能而言还是非常重要的。正如我们在前文所述，模拟平台的目的是真实再现战争中的作战场景，它很重视体现军队的指挥层级、交战规则以及高仿真度模型的制作，这些模型的外观和功能要与现实世界中的物品一致。但是对战争游戏而言，当有机会提升游戏效果时，对真实度的追求往往会被置于其次。随着游戏产业的日益成熟，这种牺牲真实性来追求效果的做法变得日趋普遍。

重要的是，模拟平台与战争游戏的市场表现差别很大。如果我们从模拟平台和《使命召唤》等游戏的发行量对比来看，追求现实主义的模拟平台对广受欢迎的游戏而言更像是一种定制产品。《美国陆军》这款免费游戏已经算是取得了相当大的成功，在其运营的 11 年中，有 1300 多万人完成注册，而《使命召唤 4》（售价 50 美元，每月还须为多用户游戏及升级内容支付一定费用）在 2007 年至 2009 年期间的销量就达到了 1300 万张。[6] 就总销量而言，《使命召唤》系列中的《现代战争》和《黑色行动》在 2007 年至 2015 年中期这段时间售出了约 1.087 亿张。虽然我们并不否认《武装突袭》和《美国陆军》等模拟平台也有众多拥趸，但在下文中，我们还是想证明战争游戏通过其巨大的发行量和受欢迎程度塑造了人们对战争的认识，这一点模拟平台是无法做到的。越来越多的玩家愿意购买这些游戏，这就充分说明战争游戏满足了玩家的渴求。我们认为，战争游戏所使用的选择性现实主义的设计理念有助于商家利用民众的需求设计出利润丰厚的游戏产品。正是由于战争游戏取得了如此引人注目的成功，这些游戏对战争的描述变得更加值得研究——这当中不光包括对国家暴力行为的"游戏化"描述，而且包括游戏里对军事革命中出现的先进科学技术的赞颂，这也导致新型美国式战争自然而然地令人向往，且效果显著。而伴随战争的种种问题和矛盾则被人为地回避了。

我们不会追随传统的叙述方式，也就是把重点放在军方与娱乐产业之间显而易见的协调合作之上。我们相信：今天的军事－娱乐复合体更像是娱乐产业与军方之间共同利益的结合体。它的产生源于对军事领域的商业开发，目的是为了创造强烈的情感体验和幻想，而不是传递某种知识、战略或进行传统意义上的宣传。这些游戏并未能让军方招募到更多人员，从而直接受益；军方只是借助游戏证明了军事革命的很多构想是未来实施作战行动的唯一有效方式。因此，这些游戏让人对当前的战争产生了这样一种印象：实现和平比长期开展战争更加困难。

游戏设计中的情感因素：美国式战争的烙印

出于上述原因，我们对战争类电子游戏和军事革命的讨论，没有聚焦于意识形态在传播特定信息方面的首要地位。我们关注的重点是这些媒介用了哪些方法来营造情感。营造情感的做法改变了过去在描述军事问题时注重表述意识形态的传统，而把重点放在了营造带有史诗和幻想色彩的战斗体验上。正如我们在前文谈到的，模拟平台（如《美国陆军》《武装突袭》系列等）与商业化的战争游戏（如《使命召唤》）之间在制作和导向方面都存在重要区别。伊恩·博格斯特和大卫·尼伯格在分析了《美国陆军》中对游戏行为和方式的限制后认为：模拟平台是对战争进行程序化阐述的一个范例，而这样做的目的是招募人员并向人们灌输美国军队的价值观和意识形态。[7]《美国陆军》程序化地向玩家展示了如何成为一名军人，并以推销的方式吸引人们参军。而商业游戏则不会注重再现事实，它们注重的是创造情感并将其商品化，它们的目的是在游戏中营造史诗现实主义的体验，这个过程高度依赖于先进的军事技术，同当前真实的军事行动及交战规则却没有太多关联。

尽管战争游戏的设计目的不是为了宣传军方的意识形态和立场，但我们所研究的这些游戏却仍然具有强大的意识形态影响力，只是这些游戏的卖点不在其传达的意识形态上而已。对情感的塑造和利用是商业游戏的重中之重，这对塑造当前人们对美国战争的认识起了重要作用。布莱恩·马苏米在讨论情感与意识形态之间的关系时曾经指出：商业游戏通过非意识形态的方式间接地起到了体现意识形态的效果。[8]

战争游戏中进行情感设计的目的是激发玩家高度的兴奋感。为了弄清这种做法是如何潜移默化地促进了意识形态领域好勇尚武精神的形成，我们需要简要地回顾一下游戏制作产业的发展历程。20 世纪 90 年代，大型的网络化、全球化公司开始兴起，数字技术开始进入生产、消费和金融交易的各个领域；21 世纪初，网络社交媒体逐渐走入人们的生活。这些设施的发展为消费产品的上市提供了新的机遇和需求。在"数字经济"的新形势下，创造和营销"情感"成了企业的中心任务，这种趋势在电子游戏行业体现得尤为明显。

21 世纪初，营销公司纷纷采用情感营销战略，创建情感品牌开始成为未来品牌盈利的主要途径。神经经济学的兴起以及安东尼奥·达玛西奥等神经经济学家的著作向人们证明了理性与情感并不对立，而是密切联系在一起的，理性的选择常常受到情感的驱使。巴黎阳狮集团（全球营销公司萨奇广告公司的母公司）主席莫里斯·雷维对此有如下阐述：根据客观事实来做出决定的消费者只占世界人口的极少数，绝大多数消费者都是根据感觉和心情来购物，或者可以说是依据情感来购物。他们会先进行理性思考：这种产品能够做什么，为什么这种产品对我来说是更好的选择。但他们做出决定时却是依靠感情：我喜欢这个产品、我愿意买这个产品、我对这个产品印象很好……在完全理解一个东西之前，你对它的认识只能凭借感觉。让人们对某个品牌有好感，或者说对其产生积极的情感，这是营销的关键。[9]

萨奇广告公司首席执行官凯文·罗伯茨在接受《快公司》杂志的艾伦·韦伯采访时提到了情感品牌的新原则，这些原则对未来的市场营销而言极为重要。[10]罗伯茨表示：是时候放弃把消费者视作数据收集的对象了。未来的品牌若想取得成功，就要与消费者保持密切关系，要与消费者保持接触，从而在消费者与品牌之间建立情感联系。萨奇广告公司奉为圭臬的原则包括拉近消费者与新产品研发和反馈过程的距离（"让消费者参与一切"）、通过向消费者传递持续的品牌体验来培养消费者的"忠诚度"，从而让消费者不光是对一个品牌有好感，而且真正地爱上这个品牌。[11]

罗伯茨认为：未来的市场营销将会超出"品牌"的概念，而达到"至爱品牌"的程度。商标和品牌掌握在制造商、营销商手中，而"至爱品牌"则掌握在对该品牌抱有感情的用户手中。罗伯茨提出：对"至爱品牌"的投资能够激发用户对产品的忠诚度，这种忠诚是超出理性范围的……"至爱品牌"对用户而言是神圣的，他们爱这个品牌，愿意以激进的言行保护这个品牌。这种情感是持续不断的。它是消费者抱有的一种强烈的依赖，强烈到一旦失去它，消费者情绪就会急躁并且急切盼望它的回归。受到消费者群体热情追捧的"至爱品牌"包括亚马逊、苹果、迪士尼、戴森、eBay、谷歌、哈雷戴维森等。[12]我们还必须在这个列表中加上《使命召唤》《战地风云》《荣誉勋章》和汤姆·克兰西（美国著名军事作家，多款军事游戏均由其作品改编）。

罗伯茨和其同僚还提出了三个主要特色，这些特色能够给市场营销计划带来情感共鸣，从而促进"至爱品牌"的形成。这三个特色就是：神秘化、世俗化和大众化。神秘化是营造非理性忠诚的重要手段，原因就是神秘化往往容易调动人的情感。神秘化产生于情节的曲折、隐喻的使用、梦幻偶像的塑造、奇闻逸事的阐述等，以此来激起人们的情感。世俗化是塑造非理性情感依赖的关键，罗伯斯在分析其原因时指出：感官是人类情感最为直接的来源。味觉、听觉、嗅觉、触觉（如一辆宝马汽车皮质内饰的触感，对其操作系统和追踪系统的使用体验；星巴克中热饼干和鲜咖啡的味道等）都是直接激发人们对某种产品产生非理性情感依赖的感官。爱恋产生于亲密感，一个品牌成为"至爱品牌"同样依赖于亲密感。实现这一目的的方式很多，罗伯茨专门提到了新兴社交媒体在建立用户群体（例如，喜爱乐高积木的人群或是喜爱凯美瑞汽车的人群）方面发挥的平台作用。在这个平台上，人们能够分享他们喜爱的产品的各种故事。[13] 这种建立在数字平台上的关系拉近了用户与制造商之间的距离，提升了消费者对品牌的投资水平，从而使品牌成为消费者性格特质的一部分。

罗伯茨还以微软公司、苹果公司和任天堂公司为例，阐述开发商如何使用情感品牌战略将他们的产品转型为"至爱品牌"。不仅如此，游戏产品取得的成功凸显了罗伯茨和其他营销大亨们的战略在数字经济新时代的重要作用。我们在这里讨论的每种情感营销手段都能在电子游戏公司的产品设计中找到影子，这些电子游戏公司包括育碧公司、动视公司和艺电公司等。我们下面会以战争游戏日益受人欢迎为例来继续讨论这个问题。

在数字资本主义时代，营造和引导情感不仅是品牌营销的关键，也是社会生产和政治权力的关键。今天的政治与情感调节的相通之处越来越多。政界人士一般不会明确表达自己的意识形态立场以供公开、理性的辩论，而是会通过广告宣传、重要事件和社交媒体（如 Facebook、Twitter、Instagram、Snapchat 和其他新社交媒体等）来行使权力。在这个过程中，对情感的塑造通过流行语和视频的交流进行，受众的反馈也可以迅速通过点赞来体现。政界人士能够经常看到民意结果，从而调整自己的立场。例如，自然灾害的受害者就是因为社交媒体上民众情绪激昂而获救。[14] 布莱恩·马苏米曾经介绍过情感引导何以成为当前权力运用的主要手段：

> 从根本上讲，权力已经不再规范化，也不再以法纪作为其表现形式，情感成为权力的载体……政治权力和国家权力的合法性不再经由国家的理性和政府判断的正确实施来实现，而是通过情感渠道来实现。举例而言，美国总统可以向海外派驻部队，因为此举能够提升民众对国家的好感和安全感，而不在于总统能够提出充分证据向民众表明派兵具有合法性……媒体不再是调整、斡旋的工具，而开始凭借在情感领域的引导作用成为直接的控制机制……就当前情况而言，情感对认识权力——即便是狭义上的国家权力——而言变得更为重要，其重要性甚至超过了意识形态等因素所起的作用。[15]

这种权力运用过程中的前主体现象在学术界催生了多个新概

念，其中包括菲利克斯·伽塔利和布莱恩·马苏米提出的"机械性无意识"的概念，这一概念又被薛伟德、帕特里夏·克劳、凯瑟琳·海尔斯和理查德·格鲁辛进一步阐释为"技术性无意识"。[16] 这一概念有助于我们通过分析媒体与媒体技术之间的物质关联性，来理解情感与主体的建构之间的关系——对我们而言，这个主体就是被军事化的人群，他们将新型美国式战争视为自然而然且无法避免的。在对技术性无意识进行分析时，我们可以看到一系列媒体生态学、物质实践论和社会机制论的现象，它们通过惯例、日常活动模式、姿态、触觉甚至神经学重构来推广和强化某种特定行为或行为方式——尤其是消费模式或解决问题的技巧。如薛伟德、海尔斯和格鲁辛所言，在这种模式里，技术媒介以无意识行为或前意识认知行为介入其中，从而以特定的、基于不同媒介的形式对主体进行重塑。处于技术与社交媒体源源不断的数据流当中，"人类的行为与技术性无意识的结合日益紧密。二者之间的联系渠道就是躯体反应、触觉反馈和其他一系列认知行为，这些行为因习惯性重复而导致其不再成为有意识的认知行为"[17]。促成上述现象的电子游戏和媒体技术都是人机结合体，它们以多层级的触觉-视觉-听觉反馈环的形式来运转，从而发挥"激发、重塑和改变主体基础认知的物质力量"的功能。

这种技术性无意识就像是一个熔炉，对新型美国式战争的认同就是在这个熔炉中形成的。通过制作《使命召唤》等游戏，大型电子游戏公司建造了一个可以激发人情感的复杂而先进的"机器"。游戏和电影制作商们并没有在产品中直白地宣扬意识形态领域对战争的认同，他们在产品中进行情感营销的战略是唤醒美国人灵魂中的军事主义色彩，采用的方式包括营造准交互式仿真的媒体环境，使人们对军事革命中的新技术产生积极的情感。游戏制作商们本来并没有计划专门设计一些支持美军意识形态的游戏，但数字企业面临的市场压力迫使它们将军事化色彩融入美国流行文化当中。

我们在后文将会说到：《使命召唤》等游戏引导玩家对使用现代化武器装备、技术战术以及未来战争景象产生积极的情感，从而促使玩家完成任务、不断升级，并且通过让玩家扮演幻想中的角色（如特种部队人员等）来满足玩家对实现英雄壮举的渴望。游戏制作商对游戏进行精心设计，使用带有视觉冲击力的画面、特殊音效和触觉反馈等多种手段来提升带有"史诗般真实感"的感官浸入式作战体验。《使命召唤》中的世界是一个虚幻的、纯粹娱乐性的世界，但借助与电影、电视及社交媒体相互交融的效果，这种史诗般的真实感甚至被带入到了对现实社会的构建之中。在游戏销量超过其他媒体类娱乐产品销量的时候，人们也很难再把它仅仅当作一款游戏来看待。

科林·米尔本研究了与纳米技术相关的模拟平台和电子游戏是如何改变了民众——甚至是科技界人士——对数字领域的认识，这一研究也展示了幻想中的"现实"是如何对未来世界建设产生影响的。[18] 米尔本阐述了纳米科学家在进行建模和纳米材料实验时借鉴游戏技术的情况。他提到了 1996 年和 1997 年黑曜石娱乐公司和纳米技术勇士公司建立后上市的超过 25 款电子游戏，这些游戏的情节设计和概念都借鉴了纳米技术领域的研究情况。[19] 米尔本认为：纳米技术在科幻小说、电影和电子游戏中频频出现，这使人们对纳米世界形成了先入为主的印象，也影响到了科技界和普通民众对纳米技术的认识。[20] 纳米科学家们将商用游戏平台、游戏引擎和画面效果转而用于实验室研究，使他们可以借助这些技术把微观世界转换为电脑生成的基于经验的模拟世界。除此之外，米尔本还认为：上述做法为受众们提供了诸多机会，借助科幻的、用于消遣的游戏来接触可编程物质，强化了人们对纳米技术特点的认识，也影响了社会对未来微观世界研究的接受程度。[21]

与此类似，我们认为：战争画面、使用未来武器系统的作战方式、与想象中的未来对手作战的史诗现实主义场景不仅会引导民众支持军方的未来计划，而且会对军方制定未来作战政策产生影响。这方面的一个典型案例就是大西洋理事会在布伦特·斯考克罗夫特国际安全中心开展的"未来战争艺术"研究项目。该项目的实施目的是研究潜在对手、颠覆性技术和新作战理念将如何对未来冲突产生影响。[22]战争类电子游戏就是他们的主要研究对象之一。该项目的研究人员认为：电子游戏影响着我们对世界的认识。研究人员们以多款畅销电子游戏为研究对象来分析当今与作战相关的事务。该项目的顾问人员包括《使命召唤》的创作者戴夫·安东尼。[23]安东尼和其他电子游戏设计者、军事科幻小说作者们一起创造性地思考未来战争的相关问题。

在我们看来，游戏和电影中的情感设计发挥着特殊作用，与我们的观点相呼应的就是史蒂文·沙维罗的相关分析。沙维罗的分析主要围绕"后电影时代"的兴起及其对影视情感与影视消费中技术性无意识的影响展开。他对电影主体的分析抛弃了 20 世纪 80 年代末对电影理论产生了重要影响的心理分析模式和卢卡尼亚框架。上述理论通常将电影作为语言来分析，重点就是把电影视为"文本""象征"和意义结构，这种做法在表意过程和实际过程之间留下了一道鸿沟。与此相反，在沙维罗倡导的研究框架中，电影的画面是直接的、非表意的，他的研究趋向于瓦尔特·本雅明、吉加·维尔托夫、亨利·柏格森、吉尔·德勒兹、菲利克斯·伽塔利、莫里斯·布朗肖、罗伯特·布列松代表的激进物质主义传统。沙维罗提出：对电影的认知是原始的，"这种认知由感官体验带来的无意识副现象——情感、激励、刺激和抑制、愉悦和痛苦、震惊和适应等组成。电影跨越了一般认知的门槛而成了一种新型认知，它要么低于人类的认知水平，要么高于人类的认知水平。它是具体的，与生俱来且带有前反思性，但缺乏深度和内化。新型认知是多层面且混乱的，是无意识的，也是非主观的。它不再受限于表意、宣传观念、识别和命名的需要。它在概念进入意识之前就已成形，它也不受人们视觉的限制"[24]。

"后电影"则充分利用了电影的上述特质而成为非表意的、前反思式的媒体，它利用编辑技术改变了传统电影的叙事模式。以杰瑞·布鲁克海默为代表的"新好莱坞"制片人和托尼·斯科特、迈克尔·贝为代表的导演们，主要将叙事用于衔接一些令人眼花缭乱、血脉偾张的特效镜头。华丽的画面和特效才是他们的主要目的。传统电影剪辑的目标是通过镜头组接来保持故事的连贯性和叙述的逻辑性，但传统电影剪辑已经被频繁的镜头切换所取代。新的剪辑风格营造出迅疾的电影节奏，从观众调查和数据分析的结果来看，新的剪辑风格是电影在市场上获得成功所必需的。上述数据分析中就包括对观众情感进行神经影像学定量分析，其目的是确定最佳的剪辑节奏，以激发观众最为强烈的反应。[25] 传统电影剪辑的作用是塑造意义或意识形态，"后电影"的目标则是时刻操控观众的情感状态。沙维罗认为：迈克尔·贝的《变形金刚》系列、马克·耐沃尔代和布莱恩·泰勒

2009 年的电影《真人游戏》都是这种审美观的代表作品，"这些电影的关注重点已不再是有意义的表述和叙事，它们甚至已经不再关注情节的准确连贯"[26]。在"后电影"中，观众看到的是连续不停的视觉冲击。这类电影充斥着手持式摄像机拍摄的晃动的画面，画面使用极端的视角和近乎疯狂的跳跃式剪辑手法，镜头切换非常迅速，甚至会引起观众的眩晕感。电影中有很多极端的特写镜头，还会用专门设计的丑陋色调、摄影机故障等效果……这种频繁的镜头切换和角度的变化主要目的不是为了让观众体会到真实的动作感，而是想要引起观众自发的共鸣。[27] 电影的重点已经从塑造意识形态领域的意义（情节）变得倾向于操纵观众的情感，了解了这种变化，我们才能更好地理解电子游戏审美观对当前军事-娱乐复合体的重要意义。沙维罗在介绍这一变化时采用的方式就是把计算机电子游戏——尤其是第一人称射击类游戏——的兴起与"后电影"的审美观结合起来。

在本章节和下一章节中，我们将透过军事-娱乐复合体的视角来分析电子游戏与电影审美观之间的交流融合。一方面，游戏研发人员为设计出畅销作品而引入了电影制作人和特效设计人员的表现技法，以设计出宏大的游戏场景，给玩家带来激动人心的游戏体验。另一方面，游戏产业中创造仿真数字环境来激发玩家的参与热情和特定情感的做法也被影视制作人借用，从而在其作品中营造出"后电影"的情感。在本章节中，我们将分析战争类电子游戏的兴起，并追溯特定审美方法的发展历程——正是借助这些审美方法，游戏设计者将虚拟战争转变成了人们反复消费的对象。这些审美方法中有一部分出现在象征层面，有一部分则出现在游戏结构的层面。它们带来的结果就是一种美感的产生，这个过程充分借用了当前的军事技术和战争场景，以此创造出引人入胜的游戏场景，吸引一批忠实玩家，从而获得更多受众的赞赏和钦慕。

我们关注情感，并不是将大众媒体的消费者视作不会思考而只会不加分辨地接受虚拟暴力场景的主体。与其他更加被动的媒体形式不同，电子游戏需要消费者付出很多思考和其他努力，这就使得营造情感对游戏能否有市场而言，具有更为重要的作用。能够实时引导玩家在游戏过程中的情感是重中之重：如果游戏难度过高或玩家不知道如何操作游戏，玩家就会产生挫败感；如果游戏中没有足够的挑战或刺激，玩家就会产生疲劳感，并会觉得这款游戏不值得购买；如果游戏的反馈和奖励不能让玩家产生优越感，玩家就不会继续在游戏上投入时间和金钱。一方面，游戏制作人要给予玩家他们需要的体验。另一方面，要引导玩家对游戏建立特定的情感关系，这对游戏产业而言很有益处。当前军事 – 娱乐复合体所发挥的长期影响就体现在上述情感关系方面，这些情感关系已经从战争类电子游戏领域延伸到了真实的战争当中。

我们在论证中主要提及 3 项主张，这将有助于我们理解战争类电子游戏在游戏经济和商业转型中兴起的原因：

1. 模拟平台和战争类电子游戏之间的区别暗示了后者进入文化产业领域的方式，正是这个领域塑造了支持反恐战争的高科技军事主义的品牌。这些具有代表性的产品受到了一系列商业决策的影响，而做出这些决策的原因就是使"打仗"成为人们触手可及的事物，并且使最多的民众喜欢上

"玩打仗游戏"，以此作为增加税收的手段并加速游戏产业的发展。

2. 战争类电子游戏中，叙事目的是刺激人的情感，而不是提升人的认知。我们经常看到的情况是，游戏中对战役的叙述并无逻辑意义，电脑屏幕上显示的往往是华丽养眼的画面。战争类电子游戏并不是想讲清什么道理，而是通过精心设计的引人入胜的游戏内容、壮观而高度仿真的游戏场景以及夸张的情节，来激发玩家的兴奋度、满足感和其他积极的情感，从而确保玩家成为游戏的拥趸。

3. 在军事革命的进程中，很多战争类电子游戏的情节和内容都受到了影响，促成了"新型美国式战争"概念的普及。这些游戏开始将小型特战力量在先进信息技术的支持下，实施高度灵活的战争作为主要情节。

战争游戏中的史诗现实主义美学深深影响了人们对战争的情感认知，也影响到了人们对西方国家外交事务中存在的问题，及其可能的解决方式的看法。

战争类电子游戏专营的产生

2008 年 3 月，游戏发布商育碧公司对其未来进行了一笔重要的投资。该公司 2008 年年报显示其年度开支为 4800 万欧元，包括财产、厂房、设备和其他资本支出，其中大部分资金没有投入到数字或有形资产方面，也没有投入到工作室建设或招揽优秀艺术家和程序设计人员上。相反，该公司将大笔的资金用在了购买一个名称的永久使用权上，这个名称就是"汤姆·克兰西"。在之前几年，该公司已经为克兰西这个名字的使用授权花费了1300万欧元，此次育碧公司追加投入3300万欧元获得了该名称的独家使用权。这使得该公司可以从任何使用该名称的衍生产品中获取经济利益，这些衍生产品包括带有克兰西这个名称的书籍、电影、电子游戏等。[28] 游戏公司为一个名字投入4600万欧元是一笔划算的买卖么？这背后的经济和文化推动力是什么呢？

简单地回顾一下2000年之后游戏产业的发展，我们就能发现当前正处在特许专营的时代。如我们在前文所言，这当中最为重要的就是营造受众对品牌的情感依赖，这种情感依赖能够给消费者带来持续的积极体验，使他们不仅愿意购买下一版游戏，而且对下一版游戏的发售翘首以待（甚至是提前预订）。恰当的特许冠名，如汤姆·克兰西或《使命召唤》等，已经成为承托消费者期待的重要载体，在游戏产业中，这些"特许冠名"已经成为优秀产品的唯一标志。例如，在育碧公司投资"汤姆·克兰西"品牌的时候，动视公司首席执行官鲍比·科蒂克在2008年财报电话会议上讲话时向投资者表示：出版商在开发游戏时要保持谨慎，除非这款游戏"能够每年都在各个平台上赢利、有潜力不断推出续集，而且有潜力成为能够带来上亿美元收入的特许经营游戏"，并且"在10年后依然畅销"。[29]

特许经营游戏本身并不存在问题，但我们可以看到，这类游戏面临着商业压力，导致它们的内容受到一定限制。我们对特许经营游戏的研究，既认可这些游戏中大部分内容很富娱乐性，也认可这些游戏的故事结构经过了精心设计。特许经营游戏的这些成就，也促使我们分析它们对当前民众战争意识的形成究竟起到了什么作用（有些时候是负面作用），原因就在于它们的发行量非常庞大。玩家玩一个游戏的时间越久，玩家对游戏中虚拟世界的认识就越深。畅销的战争类特许经营游戏在我们的研究中占据了重要地位，这些游戏设计精美（主要是出于商业原因），目的是使消费者对其产生特定的情感依赖。这些游戏需要满足民众的期待，需要给玩家一个令人满意的游戏体验，从而确保玩家对游戏品牌的长期忠诚度。

尽管不能低估特许经营风潮带来的保守主义的影响，但它却足以说明 2000 年以来游戏产业中发生的重要变化。软件开发总是需要大量的先期投资。随着游戏平台的更新换代，优质游戏（三 A 级游戏）的生产成本成倍增加。以 2012 年为例，优质游戏在售出 200 万套之后才能赢利。随着第八代游戏平台的上市，游戏的开发成本必定会继续增加。随着开发成本的增长，营销预算也将不断提升，出版商需要投入更多资金，其对游戏销量的依赖程度也将更深。据报道，动视公司出品的《使命召唤：现代战争 3》的营销预算为 1 亿美元，由此可见营销在游戏出版过程中的重要地位。在前期投入如此巨大的前提下，特许专营游戏在创新方面都很缓慢而且谨慎，创新的过程也会坚守已验证的模式，从而将创新的风险降到最低程度。[30]

一个施加给特许经营游戏销售的巨大压力，就是如何在利用市场机遇和吸引各个用户群体之间求得平衡。这种压力常常在区分硬核游戏和休闲游戏时体现出来，硬核游戏就是需要玩家投入大量时间并具备相应技能之后才能玩的游戏；而休闲游戏是指大部分人都能轻松上手的游戏。军用模拟游戏——如《美国陆军》和《武装突袭》系列——常常走硬核游戏路线，门槛很高。而特许经营的战争类游戏则更倾向于走休闲游戏路线，玩家很容易上手，但想达到精通的程度则有一定难度。优质游戏面临着难以避免的压力，它们必须吸引尽可能多的受众，这必将对游戏的叙述手法和结构产生影响。受其政治化、性别化且带有暴力色彩的内容影响，战争类特许经营游戏面临的压力与其他游戏相比更为明显，因为它们必须平衡游戏结构和游戏内容。过于政治化或带有意识形态偏见的游戏可能会引起政治立场或文化背景不同的游戏玩家的反感。这就导致战争游戏在包装上对其情节的介绍往往模棱两可，这样做的目的就是确保尽量多的玩家能够在游戏中找到认同点。

第一人称射击类游戏面临的一个主要挑战，就是让玩家有理由击杀对手。最简单的解决方式莫过于将对手设置成想要杀死玩家的外星人或是僵尸，但对流行战争游戏而言，这种设置会影响游戏的军事可信度或是真实感，因此这个问题就很难回答，或者说不甚透明。要让一个玩家去击杀人类，游戏的背景、情节和情感就要专门进行设计，以让玩家认识到开枪击杀对手不仅是合法的，而且是英勇的、令人满意且使人愉悦的行为。

游戏研究学者伊恩·博格斯特曾提出：借助"程序修辞"的方式，电子游戏可以在计算过程中推广某些观点。游戏需要将各种系统的功能抽象到计算规则中，在此期间，设计人员可以运用游戏结构来支持或改变我们对世界上一些事物发展规律的认识。[31] 作为展示国际冲突和其解决方式的模型，战争类电子游戏毫无疑问推动了人们对现实世界运行规律的认识。特许经营战争游戏，在计算过程中可能体现着商业压力和技术限制带来的影响，也可能体现着设计者的意图或是意识形态。大多数战争类电子游戏所反映的观点，都通过在叙述环境中进行情感构建的方式体现，而不单纯体现在计算层面。从实践的观点来看，游戏结构的修辞力量只有在恰当地融入作品背景时才能表现出来。

以第一人称射击类游戏常见的游戏模式为例：在交战过程中，敌人既不会逃跑，也不会投降，他们会坚守阵地直至被玩家杀死（我们称这种结构为"死斗"模式）。打伤或打残敌人常常是不够的，在一些情况下，敌人如果只是受伤，他们会重新向玩家开火，直到玩家将其击毙（参见图2.2）。显而易见，这种游戏情节并不能反映真实冲突的过程，而且这种情节不可避免地放大了游戏主人公所面临的威胁。考虑到不论好人一方还是坏人一方的原型都来自现实世界，这种游戏情节的政治内涵就是，"致命的暴力行为在对待特定人群时是必要的"，原因是只有杀了对手才能根本解决问题。

玩家可以，也确实找到了很多方法来颠覆游戏设计者的意图，但难以改变的事实是：战争游戏的核心就是杀戮。拒绝杀戮意味着你无法完成开局任务，也无法通过除了最为基本的多人游戏关卡之外的任何关卡。杀戮是游戏玩家获得经验值的方式，也是玩家打通关卡进入下一关的途径。[32] 如果玩家没能这么做，那玩家在游戏中将面临负面的反馈甚至是死亡。因此，不愿意杀戮也就意味着不愿意继续玩这款游戏。改变这种刺激性的游戏结构，将打伤敌人或俘虏敌人纳入游戏内容，这种做法需要对战争游戏刺激和奖励玩家的方式进行根本的重构。我们并不是说这种

图 2.2 在《使命召唤：现代战争 3》当中，受伤的敌人仍可以用手枪向你射击，除非你将其击毙

做法毫无可能，我们只是认为这种做法会与玩家对游戏的既有期待产生冲突。在游戏中击杀对手往往比打伤对手更让人有宣泄感。当对手被打死后，玩家可以继续前进。而如果对手只是被打伤，那会引来一系列后续问题。

这种开放式结局也意味着游戏开发商需要做更多的工作：他们需要加入更多动画效果等元素以描述俘获作战人员的情况，并且需要进行更多的叙述以说明被俘人员的下场，从而使被俘人员在游戏的整体情节当中具有意义——所有这些工作都因为不能增加游戏的复杂程度，而导致其对大众的吸引力下降。尽管程序修辞这种方式有助于通过描述对手的极端性来体现己方使用军事力量的正义性，我们并不能直接得出以下结论，即：这种修辞方式背后的原因来自社会或政治动机，而不是单纯的商业决策或游戏开发的限制。

类似"死斗"的游戏设定在脱离具体叙事环境后是没有重要修辞价值的。与伊恩·博格斯特和其他游戏分析学者的研究成果同等重要的是，我们必须阐明分析游戏的方法论，这一方法论无论在文学理论层面还是在电影研究层面都是必不可少的。在这方面，上述学者对计算层面的关注过多。游戏结构、代码、硬件、交互设计等的确值得研究，但如果过于关注这些方面，我们就会忽视叙事和陈述在赋予游戏意义方面所发挥的重要作用。从某种意义上讲，为射击类游戏设置不同背景可能就是改改算法那么简单，但是捕猎动物的游戏和军事作战游戏之间却有着天壤之别。虽然两类游戏都需要开枪射击，但杀死一头鹿给人带来的体验与杀死一个人截然不同。如果缺乏叙述内容，游戏的结构和计算过程就是扁平的，一些重要的细节就会被模糊化，而正是这些重要细节体现了特许经营电子游戏的程序修辞在吸引忠实消费群体方面发挥的作用。

为了证明上述观点，我们可以考虑一下游戏中的叙述是如何塑造出故事背景，从而使"死斗"的设定变成可行命题的。如我们在前文所述，射击类游戏的与众不同之处就在于，它们需要玩家实施的行为在现实社会中是不被接受的。为了减轻在虚拟世界中疯狂杀戮对玩家产生的影响，战争类电子游戏很少要求玩家射杀对手之外的东西，而玩家的对手都是身经百战、决意要置玩家于死地的敌人。缺少这些设定中的任何一项，玩家的游戏体验都会大打折扣，游戏带给玩家的可能就不再是享受，而变成了不适。[33] 如果玩家的敌人仅是村民、农场主或是手无寸铁的百姓，那他们"死斗"的行为就没有太大意义，而且与游戏的根本设计理念也存在冲突，这个理念就是：开枪射击是令人愉悦的事情，玩家开枪射击是一种英勇的行为。尽管游戏设定中存在明显的政治内涵——尤其是在选择谁来代表敌军方面，我们依然不能将这类选择仅仅归因于军方进行的意识形态公关，就算很多游戏中的敌军都是从过去或当前所面临的军事威胁中遴选而来的。游戏中的敌军常常罪大恶极，这种设定就是要让玩家感到射杀敌军是正义之举，而不会在举枪瞄准时怀疑自己的行为是否恰当。从历史或当前的战事中选择敌军，原因就在于人们对这些敌人已经持有负面认识，这种设定能够让玩家在游戏过程中面临熟悉的地缘政治格局，从而使玩家无需过多地深入考虑和反思。当玩家完全沉浸在游戏世界当中的时候，他们就更愿意享受游戏设计者刻意营造的情感体验。如果玩家没有完全进入游戏设定，他们就会开始质疑游戏鼓励他们实施的行为是否恰当，这种体验就脱离了设计者希望玩家通过开枪射击得到快感的本意。

由此可见，仅将关注重点放在游戏结构上会导致我们忽视战争类电子游戏的一个重要方面，就是这些游戏是如何塑造其价值观、如何影响当前人们对战争的认识的。玩家的游戏体验是由游戏结构、视觉效果、故事情节共同作用产生的。事实上，若要理解这些游戏如何影响了人们对战争的认识，我们就必须弄清游戏的表现手法和叙事手法。

战争类电子游戏的题材选择：第二次世界大战

鉴于选择游戏当中的敌方非常重要，我们就不难理解为何四款最为成功的战争类电子游戏中有三款（《荣誉勋章》《战地风云》和《使命召唤》）都是以一场极具必要性的"荣誉之战"——第二次世界大战——作为主题，这些游戏中的敌方也都大同小异。几乎没有游戏选择以第一次世界大战或是越南战争作为主题，但选择第二次世界大战的游戏之多令人咋舌，这其中的原因是多方面的。第一点就是二战在道义层面的含义相对简单：玩家不需要了解很多背景知识来认识战争的正义性，也不需要花太多的时间来认识游戏中的角色。德国人和日本人自然就是敌人，玩家对他们使用暴力不会有任何不妥，他们的罪行早已为人们所知而无须赘述，游戏开发人员在叙事方面就可以省去很多投入。正如游戏《荣誉勋章：空降神兵》的一名评估人员所言：对于空降作战而言，可讲的东西并不多，但对于二战来说情况就不一样了。人们需要消灭纳粹，需要拯救这个世界。[34] 第二个原因主要与战场环境相关：一战时期的战壕和越南战争的丛林对战争游戏而言不是很好的场景，因为这样的场景不适合体现暴力。在战争游戏当中，被一个自己看不见的敌人杀死是令人极为沮丧的事情，尤其是在玩家执行无关紧要的任务时更是如此。第二次世界大战有多条战线，参与方众多，这就为游戏情节提供了丰富的素材，游戏可以选取多种题材而不受太多限制。最后，从给玩家提供游戏装备的角度看，二战中已经出现了诸多军事技术，可以给玩家提供足够多的游戏装备，让玩家保持对游戏的兴趣和打通关卡、完成任务的热情。因此，自现代战争游戏问世起，我们就能看到商家使用各种营销策略以将战争游戏推向广大受众。这些游戏通过特定的、不会引起道德争议的设定来把玩家使用暴力变成正义行为，这些设定通常不会对游戏情节和表现力有所限制，反而会推动其发展。游戏中对军事技术的运用不光是为了增加游戏的真实性，而且也是避免游戏太过单调，刺激玩家对游戏保持兴趣的手段。

如果我们分析一下战争类电子游戏的发展历程，我们就能看到一些类似转折点的时期，这些时期为战争类电子游戏赋予了一些特质，使其具有了与众不同的特色并为随后的融合发展奠定了基础。首先进入我们视野的就是《荣誉勋章》系列游戏，这款游戏是史蒂文·斯皮尔伯格在其电影《拯救大兵瑞恩》获得成功后力主研发的。《荣誉勋章》开创了多项重要先例，后期的很多战争类游戏都借鉴了它们。首先就是重视历史真实性，并将其作为带给玩家浸入式军事体验的手段之一。这款游戏没有将游戏的真实性作为目标——因为在当时的技术条件下这一点不易实现，而是使用叙事式背景介绍的方法和具有阶段性特点的技术来营造一种战争体验。与此前的射击类游戏相比，这种做法与好莱坞电影的叙事方式更为类似。《荣誉勋章》从维尔福公司《半条命》的成功得到了启示，注重在游戏中营造令人激动的浸入式体验。游戏还使用了特殊的记分模式、杜比环绕音效和场景切换手法，将玩家在游戏中取得的成就与二战的整个历程融合起来。

该系列游戏的最初几版都获得了成功，在其发售第三版《荣誉勋章：联合袭击》时，游戏迈出了更有影响力的一步。《荣誉勋章：联合袭击》运用高度脚本化的故事情节，将玩家带入到非常具体的事件当中。这款游戏不再让玩家从信息屏幕上的任务框中接受指示，而是在游戏情节的叙述过程中将任务目标传递给玩家。甚至这款游戏的使用说明都是通过叙述的方式传递给玩家的：玩家要先进入一个数字化训练营来学习如何操控游戏。这种由具体事件推动的叙事方式与此前诸多射击类游戏存在不同，甚至也不同于《荣誉勋章》的前几版游戏。在此前的几版游戏中，设计者为玩家提供了一个开放的、不受限制的环境，玩家可以在这样一个环境中探索并完成任务。这种开放式的游戏设计可以赋予玩家最大限度的自主权，鼓励他们在游戏中独立探索并形成新的游戏风格；但与此同时，这种开放式游戏设计也导致了一个问题，那就是很难保证玩家的游戏体验与游戏希望传递给玩家的体验一致。《荣誉勋章：联合袭击》开创了对游戏中的战役加强控制的先例，这样做是为了向玩家传递特定的游戏情感体验——但这种浸入式叙述方式是以牺牲玩家在游戏过程中的自由度为代价的。《荣誉勋章：联合袭击》取得的巨大成功也促使随后的战争类游戏放弃了带有普适性的游戏设定（即通常所讲的"沙盒模式"），转而追求通过高度脚本化和煽情的叙述来向玩家传递特定的游戏体验。

在《荣誉勋章：联合袭击》取得成功之后，瑞典游戏工作室DICE也凭借其开篇之作《战地风云1942》进入流行战争类电子游戏市场。这款游戏同样由艺电公司担任发布商，其目标是战争游戏中尚未获得充分开发的领域，游戏的主要设定是多玩家小规模战斗。[35]《战地风云1942》同样借鉴了《荣誉勋章》的经验，游戏中使用了16幅地图，这些地图描绘的都是二战时期的著名战役。游戏中的武器和车辆都高度真实地模拟了美国、英国、俄国、德国和日本在二战时的装备。游戏还采用了分类平衡的设定，允许玩家在五类虚拟角色中选择一类作为其在游戏中的角色，这五类角色各有长处，也各有不足。举例而言，反坦克手的角色可以有效攻击车辆，但对普通步兵杀伤力有限；游骑兵具备很强的侦察能力，适于远程作战，但其近战能力不足。在其他多玩家游戏中，游戏角色的死亡要么意味着玩家出局，要么因角色可以重生而使死亡毫无意义，《战地风云1942》在这方面采取了一种折中的做法。这款游戏通过使用票券设置将游戏角色的死亡与玩家所在一方的胜负挂钩。每个玩家的死亡都会使自己一方损失一张票券，同时也将损失一定的重生点数。当游戏中有一方票券用尽的时候，游戏就会结束，仍然拥有票券的一方将获胜。与以往的战争类电子游戏相比，这种为游戏角色设置专业属性的做法，以及把玩家个人行为与所在群组相互关联的设置，促使玩家在游戏当中相互合作，也改变了过往游戏当中个人英雄主义的鲁莽打法。

《战地风云1942》中的多玩家设置、对角色死亡的惩罚以及角色分类的做法使其与其他战争游戏相比更加受人欢迎，此外评估人员还指出：这款游戏易于掌握，属于典型的易上手游戏，就像是连环画版本的二战。[36] 与此前的《荣誉勋章》系列游戏一样，《战地风云》在秉持现实主义方面的作为也可圈可点，这款游戏同时具备了历史真实性、操作便利性和内容趣味性。与《荣誉勋章》通过特定的叙述模式推动游戏进展不同，《战地风云》采用多玩家模式，叙述仅被当作界定游戏体验的一种方式而不是影响游戏体验的决定因素。在不借助整体叙述来赋予游戏意义的情况下，战争技术、游戏环境和游戏装备成了传递游戏意义的主要载体。游戏起始阶段的武器、服装、坦克、飞机以及其他装备都成为这款游戏中叙述和构建战争内涵的方式，各支游戏队伍的优势和弱点在游戏过程中也具有决定意义。

为了迎合二战题材游戏流行的势头，动视公司制作了一款介于《荣誉勋章》和《战地风云》之间的广受欢迎的游戏——《使命召唤》。为了制作这款游戏，动视公司吸引了一批《荣誉勋章：联合袭击》的研发人员进入其团队，他们负责的任务就是制作一款可以击败《荣誉勋章》的游戏。新游戏采用了《荣誉勋章：联合袭击》的多种叙述手法，并且在最初阶段也沿用了类似的独狼式超级间谍的情节设定。新游戏沿用了既往的战争游戏套路，再次将二战作为游戏题材，目的就是取代《荣誉勋章》的绝对优势地位。在经历了一年的研发和巩固游戏地位的努力之后，研发人员提出要让玩家通过不同国家视角来体验游戏。[37] 这一理念让动视公司主管和研发团队都为之一震，因为它的出现带来了一系列的可能性：如果允许玩家自由选择从美国、英国或俄国的视角来看待这场战争的各个部分，研发团队就不必系统地介绍整场战争的情况（这将使玩家成为一个超脱现实的超级战士），同时也会增加游戏在美国之外的市场上获得成功的可能。人工智能领域的发展使研发团队可以在整个游戏过程中将玩家置于其他友军当中，这样就避免了与《荣誉勋章》游戏中超级间谍的设定重合。在《使命召唤》当中，玩家不再是独自完成任务的个体，而成了在团队中执行集体任务的一名战士。玩家在游戏中的队友会给玩家提供保护，会与玩家交流并发出指令，也会受敌人袭击而牺牲。正如游戏的名称给大家传递的信息那样：玩家只是身处极端环境中的一名普通战士，他的所作所为只是为了响应使命的召唤。

《使命召唤》的第一版于 2003 年发布并接受测评。在《荣誉勋章：联合袭击》大胆尝试通过牺牲玩家的自主性，用脚本化的事件叙述带给玩家特定体验的情况下，《使命召唤》将这种做法推向了极致。这款游戏将玩家设定为团队中的一名作战人员，玩家的行为因人工智能的编程能力有限而进一步受到限制。这些限制使得游戏运行更加轨道化，同时也能够给玩家带来更多情感共鸣和浸入式作战体验，原因就是如果玩家在一个团队中作战，他就有能力应对更大规模的敌军部队，而不是像《荣誉勋章》那样只能与小股敌人作战。这款游戏还允许其他非玩家角色（NPC）为玩家提供指导，这些非玩家角色还能够对游戏情节叙述起到重要推动作用，他们的功能已经远远超出传递战术信息或引导玩家前进的范畴。游戏的其他新特点还包括：允许玩家使用瞄准具来提升射击精度；添加了"弹震症"效果，模仿炸弹爆炸给人造成的眩晕和听力丧失，从而使游戏的仿真效果大为提升。

尽管以上三款游戏使用了类似的历史背景，并使用了类似的分阶段的战术，它们在风格和美学意味上还是各有不同。《使命召唤》和《荣誉勋章》关注于煽情式叙述和多玩家游戏体验，《战地风云》则回避故事叙述而追求"沙盒"式体验。《荣誉勋章》系列游戏是坚持使用二战题材时间最长的游戏，直至2010年这款游戏发售第13版时销量下滑，《荣誉勋章》才放弃继续以二战作为题材。《使命召唤》则在2007年发售第四版时放弃以二战作为题材。《战地风云》本来就不靠描述英勇战役来影响玩家的游戏体验，这款游戏的设计者可以很方便地选取历史上的其他战争作为题材——如越南战争等，而且也可以拿幻想的未来战争作为题材。从新千年开始到2005年末，游戏市场上出现了很多新作品，这些作品中也出现了一些非致命武器装备——如发烟手榴弹等，而且游戏的画面和多玩家游戏效果也得到了显著提升。鉴于研发成本的提升且游戏公司开始关注于电脑之外的其他游戏平台，游戏中开始包含一些降低游戏难度从而吸引玩家的设定。

例如,《使命召唤2》就模仿了Bungie公司出版的《光晕》游戏,在设定中添加了角色生命值自动恢复功能,如果游戏角色能够在一定时期内避开敌人火力袭击,角色就会自动补血。这一设定可以看作是对现实主义的公然背离,但正如一位评论人士所说:"这一设置的不真实程度其实跟在游戏中找寻和贮存医疗包相差无几。就《使命召唤2》的情节而言,这种设定与传统游戏的补血设定相比已经是一个进步,你永远不会遇到身处险境而血又不够的情况……这样做的重点依然是有利于战斗。"[38] 在随后发售的《战地风云》和《荣誉勋章》等游戏中,类似的设定也开始渐渐出现。

这种自动补血设定具有一定的社会内涵,它矮化了战争中友军的影响——这一点是与军方开展的公关工作相一致的。采取这种设定有重要原因,它是为了应对游戏研发过程中出现的内部压力,而这是不依赖于游戏产业与军方之间具体合作的。自动补血设定使业余玩家更容易掌握游戏,这一设定形成于更加机制化的研发过程中。与其他软件企业类似,战争类电子游戏研发企业以"内容层次"来划分等级结构的现象日益明显。这个等级结构中通常包括高级研发人员,这些人负责提供整体标准、指导原则和工具;而那些收入较低、可被替代的低级程序员随后按照这些标准和原则来设计游戏。优质游戏内容非常复杂,无法通过流程式的设计来完成,因此游戏工作室都尽可能采取各环节同步开展的办法,并尽可能让每个环节都完成一项具体工作。鉴于低级程序员要做具体工作但又对研发进程缺乏全局性认识,高级设计人员会确定一些不同层级的标准化变量——其中包括血量、弹药数量以及其他游戏装备数量等,根据这些变量,游戏设计人员就可以调整游戏的难度。早先的游戏在情节推进过程中经常在设定方面出现复杂的质量上的变化，而优质射击类游戏则倾向于在设定方面保持一贯性。战争类电子游戏没有采取通过对手的质变来提升难度的方法，通常都是通过量变来增加游戏挑战性，也就是增加对手的数量或是提升击杀对手所需的伤害值。随着这些标准以及工作分工的出现，初级研发人员可以在不了解研发全局的情况下完成自己所负责的工作。如果游戏的某个情节过于简单或难度过高，研发者就可以通过增加或减少对手数量的办法来达到想要的游戏难度。在采用了自动补血等设定后，游戏设计人员就有充分的理由相信玩家可以满血应对各个关卡的挑战，而不会出现"玩家不具备完成任务的条件"这种情况。[39]

　　尽管上述解释并不能使游戏产业免于其设定造成的文化或社会影响的批评。但是对早期战争类电子游戏的影响因素进行深入分析还是很有必要的，它有助于我们理解当前的军事－娱乐复合体如何"使用非意识形态的手段制造出了意识形态的效果"[40]。早期战争类电子游戏重视反映历史，希望引导玩家经历一场完美的、必须进行的战争——第二次世界大战。但是，战争类电子游戏进入大众视野却是发生在一次转变之后，这个转变就是：战争类电子游戏的内容从回顾过去的冲突变为思考未来的战争和预判全球恐怖主义可能给人类带来的新威胁。以下我们就对这一转变加以分析。

战争类电子游戏，全球恐怖主义和军事革命

　　如我们在简介部分所述，2000 年后，军队经历了一场深入的

变革，人们对未来战争性质以及技战术的认识均出现了变化。但直到 2006 年出版《四年防务评估报告》之前，美国军方对未来战争进行筹划时，还是认为冲突主要会以 20 世纪冲突的样式进行。军方在进行军事力量需求规划时认为：除应对各类代理人战争之外，美军要做好在世界不同地区同时打两场大型地面战争的准备，这两场战争的兵力投入都与"沙漠风暴"行动类似，作战目标是要实现政权的更替。但随着阿富汗和伊拉克战事趋于失控，加之国防预算收紧、全球反恐战争形势日益复杂，军方开始转换腔调并全力推动军事革命。其内容包括对军队结构进行调整，以使部队行动更为隐蔽、更加灵活，使部队更加有能力应对非传统和非对称安全威胁。军方关注的重点不再是过去曾经实施的大规模地面战争，而把注意力放在了全球反恐战争这一新挑战上。军方开始加大对特种作战力量和尖端信息技术的投入，致力于提升灵活、独立的作战分队之间的协同合作，同时注重以较小的风险投射更多远距离军事力量。

可能这仅仅是一个巧合，2006 年也是战争类电子游戏的内容出现剧变的一年，这一变化几乎与军事革命同步：游戏内容开始从回顾过去的战争转向思考未来的战争。《战地风云》系列游戏是首个放弃回顾历史战争的游戏：2005 年下半年推出的《战地风云 2》开始以现代化的武器装备、车辆和城市环境作为特色，游戏内容也开始以新的地缘政治竞争为题材——美国和欧盟开始与中国和名为"中东联盟"的集团在全球范围内争夺石油资源的控制权。游戏初始阶段多玩家地图的主要部分就是中国领土和中东区域。随着游戏情节的推进，战火将逐渐燃烧到美国家门口：中国将进入阿拉斯加，中东联盟将入侵东部海岸，而美军在中东地区的军事基地和海军设施也将遭受袭击。这款游戏的首个扩展版《战地风云 2：特种部队》仍然以非传统步兵部队为主角：玩家在游戏中可以使用的视角包括美国海军海豹突击队、俄罗斯"阿尔法小组"、英国皇家空军特勤队以及其他多种起义力量和叛军部队等。

《战地风云 2：现代战争》是该系列游戏推出的首款瞄准专门游戏平台市场的游戏，这款游戏不再沿用传统的多玩家设置，而且添加了虚构的"北约与中国之间的冲突"这一作战主题。随着情节的逐步推进，玩家会发现这场冲突是由一个握有三枚洲际弹道导弹的秘密恐怖组织挑起，他们手中的三枚导弹目标分别是欧洲、美国和中国。如人们所料，玩家最终拯救了文明世界，结束了这场冲突。这款游戏没有沿用《使命召唤》等游戏中带有限制性的操作设计，而是尽力保持《战地风云》系列游戏的多玩家"沙盒"式操作模式，允许玩家操作游戏中的各种各样的特战车辆并且在实战当中对多个角色进行第一人称操控。

《战地风云 2》中的现代化设计使这款游戏销量飙升：据报道，仅发售的第一个月这款游戏就售出 100 万套，截至 2006 年 7 月，游戏销量更是达到了 225 万套。《战地风云 2：现代战争》的销量也达到了 137 万套，大大推动了这款游戏的市场占有率。[41] 尽管《战地风云》在初期取得了上述成功，但是直到 2007 年另一款游戏上市，现代化军事力量和新型美国式战争的真实影响力才得到充分体现，这款游戏就是《使命召唤 4：现代战争》。

《战地风云》利用了人们对握有核武器的恐怖组织的恐惧心理，在情感层面增加了情节的紧张度。《使命召唤 4》则把人们的这种恐惧心理推向了极致，在这款游戏中，数百万人的生命都系于玩家一身，这种设计营造出了史诗般的、令人亢奋的游戏氛

图 2.3 《使命召唤 4：现代战争》中核打击发生后的画面

围。《使命召唤 4：现代战争》的主要一方是由中东狂热分子和俄罗斯极端民族主义者组成的同盟，这种设定将"冷战妄想"与核扩散和反恐过程中出现的非对称战争融为一体。这款游戏的研发阶段正处在公众对伊拉克战争久拖不决、查缴大规模杀伤性武器（这也是发动伊拉克战争的理由）屡遭挫折心怀不满之时。游戏的内容让玩家体会了经历大规模杀伤性武器袭击的场景（参见图 2.3）。根据游戏脚本所述，由于极端组织领导人为了报复美国入侵而对本国的城市实施了核打击，玩家在游戏中的角色与 3 万名海军陆战队员和平民一起在某中东国家丧生。战争以一处俄罗斯核设施内发生的激烈交火结束，这处核设施已经被极端分子占领，而交火的目的就是毁掉已经射往美国东海岸的弹道导弹。

除了使用恐怖主义、核扩散等题材来增加游戏的刺激性之外，《现代战争》还开始呈现出一个新的趋势，那就是：紧跟军事革命风潮，将玩家置于特种部队之中，而不是将其设定为普通步兵或装甲部队的一员。与《荣誉勋章》中独狼式的超级间谍设定和老版《使命召唤》中普通士兵的设定不同，《现代战争》将玩家设定为超级战士群体中的一员。在游戏中的战役里，海军陆战队特种部队成员与英国皇家空军特勤队的成员任务是不同的，特勤小分队的任务主要是在中东和俄罗斯实施秘密袭击。而玩家所在的小分队行动灵活，装备了配有特殊消音器、瞄准具和其他配件的先进武器，拥有现代化的无人机以及其他网络化的空中支援，从而让小分队拥有了击败数量众多的敌军的"法宝"。

除了将传统的射击场景转移到现代化的特种部队上并利用人们对全球反恐战争的恐惧之外，《现代战争》改变了传统的多玩家游戏体验，玩家在游戏中的投入可以被用于提升角色的个性化特点。在过去，大部分多玩家战争类游戏为玩家提供的都是标准化的游戏角色。《现代战争》在初始阶段仍然为新手玩家保留了5个标准角色，但游戏在之后会使用一套特殊的评级机制，在这套机制中，随着玩家经验值的提升，游戏会为玩家解锁更多的武器和技能，这也就让游戏经验本身成了一种商品。这一带有激励性质的设定吸引玩家不断在游戏中投入时间，以逐步解锁更多技能，从而使玩家成为更加高效的"杀手"。

《现代战争》给游戏界带来了巨变，也引领了战争类电子游戏的一场革命。前三版《使命召唤》共售出了约550万套，而《现代战争》则创下售出1350万套的纪录。在随后的一年，《使命召唤》又重新以二战作为题材，但销量随即减少了250万套。这也充分说明现代战争给战争类游戏玩家带来了新的体验，而这种体验是历史战争无法带来的。把角色的个性化融入多玩家评级体系，这种做法也把军事革命的硬件和技术带入到了游戏当中，使其成为给玩家带来刺激感并使玩家对游戏保持兴趣的重要手段。给枪支装上各具特色的瞄准具和消声器使其性能更佳，这一点无疑会让玩家意识到战争的胜利取决于高技术的运用。

以《现代战争》的成功为起点，后续两部游戏也取得了不错的销量。《现代战争2》（2009年发售，销量为2476万套）和《现代战争3》（2011年发售，销量为3040万套）开始逐步以秘密特种行动作为题材，游戏中还创造了"第141特种部队"这个组织，它是由来自多个国家的人员组成的一支精英反恐力量。在《现代战争》中，西方世界不再是免受战争侵扰的净土，玩家要奋力闯出被俄罗斯人占领的白宫，躲过华盛顿的核爆炸，并从欧洲毒气袭击中生存下来，还要浴血奋战以重新占领巴黎中心区，此时巴黎中心区已经一片狼藉，埃菲尔铁塔也已倒在地上（参见图2.4和图2.5）。在《使命召唤》里的现代战争中，世界上没有哪个地方是避风港。玩家心中的渴望激励着玩家做出英雄举动，他知道取得成功需要什么战略、什么武器：只要装备有合适的枪支和手雷，他就能拯救幸存的文明世界。

与此同时，《战地风云》系列游戏也逐渐开始吸收《现代战争》中的表现手法，如华丽的现代武器、半自主的小组战术等。在其《叛逆连队》（2008年发售，销量276万套）和《叛逆连队2》（2010年发售，销量706万套）当中，这些特点都有所体现。《战地风云3》（艺电公司，2011年发售，销量1707万套）回到了《现代战争》系列游戏所开创的传统军事革命题材和战术上，在利用人们对核恐怖主义的恐惧的同时展示新军事技术的威力，这些技术使玩家可以追踪并瞄准敌军的作战人员。同其他很多以现

图 2.4 在《现代战争 2》中，俄罗斯人偷袭并占领了白宫

图 2.5 在《现代战争 3》中，埃菲尔铁塔倒塌

代战争为题材的游戏一样，《战地风云 3》也将军队的官僚主义与反恐战争的时效要求对立起来。玩家在游戏中的角色是美国海军陆战队特种部队小分队的一员，这个小分队的任务就是发现、确定并击毙拥有俄制手提箱式核炸弹的伊朗叛乱组织成员。为了寻获这些核弹，玩家必须杀死一名队友以保护一名了解相关情报的

俄罗斯特工。在巴黎遭遇核打击后，玩家会被上级投入监狱，因为上级不相信纽约会随后遭受核打击。玩家最终从监狱中逃脱，并成功截击了准备前往时代广场的恐怖分子（参见图 2.6）。玩家没有依照上级的指示而是采取了必要的行动，最终玩家拯救了数百万人的生命。

除了模仿与《现代战争》系列游戏类似的多玩家评级体系和角色个性化体系之外，《战地风云 3》也在美学层面深入地表现了军事革命这一主题（参见图 2.7）。玩家的便携式显示器上展示着其他士兵和装备的信息，任务目标和其他信息自始至终也都显示在玩家的头盔式显示器上，这些信息帮助玩家区分队友和对手，并为玩家提供其他有用的指示。当玩家把瞄准器对准敌方作战人员时，敌方的位置就会被标注并锁定，这就使玩家可以继续有效使用掩蔽物，同时追踪敌人的位置。

后续的《荣誉勋章》系列游戏也试图以新型美国式战争作为题材——首先依然是借鉴已经发生的战争，随后就是推测未来可能发生的战争。2010 年修订版的《荣誉勋章》（艺电公司，2010 年发售，销量为 582 万套）基本是以"蟒蛇行动"为题材展开，这次行动也是美军首次在阿富汗使用大批常规军事力量——而不是特种部队——开展的军事行动。玩家在游戏中要扮演海豹突击队第六小队成员以实施秘密袭击，同时还要扮演经常遭受叛乱分子伏击的普通部队中的一员（参见图 2.8）。在这款游戏中，大规模的部队机动通常难以成功，还会造成大量人员伤亡，而突袭战术则常常会取得胜利。

这款游戏的续集《荣誉勋章：战士》（艺电公司，2012 年，销量 276 万套）同样将海豹突击队作为主角，游戏场景从战区作

图 2.6 在《战地风云 3》中，玩家在时代广场追击携带有手提箱式核炸弹的恐怖分子

图 2.7 《战地风云 3》中的军事革命美学

图 2.8 《荣誉勋章》中美国海军海豹突击队乘坐装甲运输车实施夜间突袭

战转换为全球反恐战争。玩家在新游戏中接受秘密的联合特种作战司令部指挥，主要开展破坏活动，执行拯救人质、夜间突袭等任务，并在巴基斯坦、菲律宾、波黑和索马里等不同的战场与外国特种部队协同执行任务。游戏中的特种部队小分队拥有很大自主权，受军队官僚指挥体系的限制不多，这种规模小、灵活度高的小分队有能力以网络化的行动方式击败强大的恐怖组织（参见图 2.9）。

与前期描写二战的游戏类似，新版的《荣誉勋章》游戏依然强调真实感。这款游戏的题材从二战转变为全球反恐战争，精英特种部队在这款游戏中独领风骚。诸多情节都是围绕所谓的"第一梯队人员"展开，这些人员包括海军海豹突击队第六小队、陆军三角洲特种部队成员等。《荣誉勋章 2010》的设计者曾专门出

图 2.9　在《荣誉勋章：战士》中，美国海军海豹突击队从索马里海盗手中拯救出被挟持为人质的菲利普斯上尉，这个情节参照了近期发生的真实事件

钱向第一梯队成员请教，以提升游戏的可信度，而《荣誉勋章：战士》在追求可信度方面下了更大的功夫。如其网站介绍所写，这款游戏的故事情节是美军第一梯队成员被部署在海外时所写，其创作灵感来源于现实世界的威胁。游戏承诺"将虚拟世界的任务与现实世界的行动联系起来"[42]。但是，游戏对真实感的追求给参与游戏设计的 7 名海军海豹突击队成员带来了麻烦。他们收到了上级下发的惩戒令，并被处以相当于一个月薪水的罚金，原因是"对外透露涉密信息"和违反海豹突击队不成文的规定，即"突击队员是沉默的勇士，不应暴露在聚光灯下"[43]。这些海豹突击队员身处保守秘密、遵守纪律、崇尚牺牲的军事文化和注重轰动效应的媒体文化的夹缝之中，他们的经历也表明：把真实的军事行动变成一种娱乐元素并非易事。

《荣誉勋章：战士》对真实感的追求还导致了其他方面的问题，其中之一就是将玩家与真实武器制造商联系起来的营销战略。2006 年前后，战争类电子游戏兴起，游戏中武器的品牌特色开始日益凸显，这些武器开始使用真实制造商推出的特色品牌，而不再只是使用普通型号的武器或是虚构出来的武器。点 50 口径的狙击步枪开始被巴雷特 M82 取代，而突击步枪则变成了以色列兵器工业公司产生的 TAR-21。尽管武器名称的变化提升了游戏的真实感，但这种做法也导致游戏中出现了涉嫌商标侵权的问题。武器制造商开始为游戏公司提供许可，以便游戏公司在电子游戏中使用其武器品牌；作为回报，游戏公司需要向武器制造商支付费用、分摊收益或为武器进行正面宣传。这种"许可使用"的办法也使武器制造商能够对自己的产品在游戏当中的表现加以控制。举例而言，巴雷特公司就不允许游戏公司把其产品给美国的敌人使用，并且要求游戏公司设计的枪支三维模型在游戏中表现得与现实世界一致。[44] 自 2006 年以来，这种"许可使用"的办法在优质战争类游戏中运用得越来越多，而《荣誉勋章：战士》更是将这一做法发挥到了极致：游戏制作人在博客中备受争议地提供了一些链接，玩家可以通过这些链接购买他们在游戏中所使用枪支的实物（参见图 2.10）。[45]

尽管专业研究及民意调查均显示军事真实感是消费者购买游戏时考虑的重要因素，《荣誉勋章》游戏的发售经历却证明事实与此相反。在《荣誉勋章：战士》销量未达预期之后，艺电公司于 2013 年初决定停止发售该系列游戏。在其发布的声明中，艺电公司承认《荣誉勋章》游戏"偏离了正轨。这款游戏质量上乘，但其关注作战真实性的做法没有在消费者中形成共鸣"[46]。

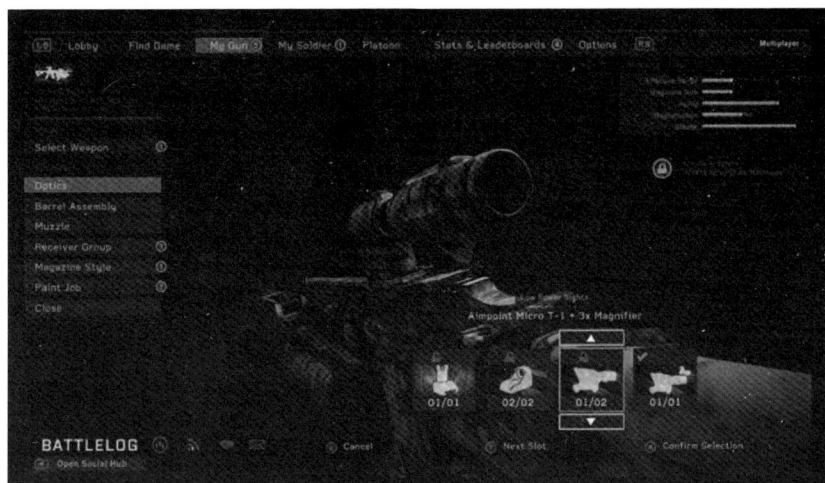

图 2.10 《荣誉勋章：战士》允许玩家使用品牌武器、瞄准镜、消声器及其他配件来实现武器装备的个性化，这些配件都可以通过互联网购买。图上这支黑克勒－科赫公司的 HK416 步枪有包括 T-1 瞄准镜在内的 94 个组件，这些组件都可以在游戏中逐步解锁

尽管游戏设计者使用了最新科技和充满现实感的武器装备，想要借助上佳的游戏体验实现经济利益，批评人士还是指出：这款游戏中的战争并不像现代战争。正如一位评论人士指出的那样："游戏中的战争没有任何现代感，甚至不能选择特殊的瞄准镜以突出显示敌军的位置。"[47] 玩家在现代战争游戏——如《使命召唤》和《战地风云》中期待的是神通广大的装备，他们关注的是合理而不是高度真实，是有趣而不是精确。与《荣誉勋章》专门咨询专业顾问相反，《战地风云 4》在设计过程中没有使用任何军方专家，而是邀请了一位军品爱好者，此人专门收集各类军装并喜欢玩换装游戏。DICE 公司创始人帕特里克·巴赫曾就此指出："只要一个东西看起来有吸引力，就应该把它设计到游戏中去。"如果需要对此

进行进一步的分析研究，那看看 YouTube 的内容就足够了。[48]

从追求真实感到追求可信度，这个过程可能是现代战争类电子游戏在审美领域给军事–娱乐复合体带来的最为重要的变化。更确切地讲，从追求真实感到追求可信度的变化在情感层面是如此迫切，以至于玩家对事实的期待也不可避免地出现了转变。在推销娱乐体验的过程中，游戏制作商是以极度简练的方式向玩家展示战争——现实世界有一部分很是无聊，游戏对此进行了剔除；而对现实世界中的特定部分，游戏又进行了极度的拓展，在此情况下，真实对人的吸引力已经大大降低。这种效应在一些游戏中体现得最为明显。这些游戏对新型美国式战争和全球反恐战争的战术和情景进行了浓墨重彩的描述，而且注重于表现高科技武器系统、各类装置以及未来作战方式。如未来战争专家、《使命召唤：黑色行动 2》顾问彼得·辛格所言：这些游戏不光描述未来战争，而且也对未来战争产生了影响。"未来不是一种确定的形态，而是有着多种形态和多种可能性，这些可能性都有机会变成现实。科学幻想会引发人的期待，而这些期待也会对未来的形态产生影响。战争类游戏非常受人欢迎，尤其是受年轻人欢迎，而且很多已在服役的人员也很喜欢这些游戏。这些游戏的内容不是对未来的预测，但会影响人们对未来的期待，塑造他们对未来科学技术的认识，而这些认识极有可能真的影响到未来科学技术的实现"[49]。通过使用大量具有情感引导作用的情节来描写军事革命中的高新技术，战争类电子游戏给玩家带来这样一种暗示：科学技术是解决未来战争问题的必要条件。

战争类电子游戏中的科学技术

在游戏内容中突出展现军事革命进程中的武器装备，这是汤姆·克兰西系列游戏的一大特点，也是该系列游戏影响力的来源。如我们在前文所述，汤姆·克兰西系列游戏最初由红星娱乐公司研发，后转交给育碧公司。汤姆·克兰西系列游戏（销量5208万套）没有走我们前面介绍的游戏的老路，而是一直将军事革命中的新技术以及全球反恐战争带来的威胁作为重点。在该系列游戏的热卖产品（如销量为1469万套的《彩虹6号》和销量为1628万套的《幽灵行动》）中，特工人员使用高技术装备来挫败恐怖分子的各类阴谋。《彩虹6号》的主角是一支精英反恐特遣队，这支特遣队需要击溃组织有序、资金充裕的恐怖分子，这些恐怖分子计划采取的行动将会带来大量平民伤亡。《彩虹6号》紧贴军事革命的实际，游戏采用了先进的图像技术，这一点也成为该游戏的主要特点。玩家可以在多种成像模式中简便切换，其中包括夜视模式、热成像模式以及声呐模式等。这种设计可以使玩家在夜晚、烟雾和有墙壁遮挡等情况下便利地观察敌人（参见图2.11）。

《幽灵行动》系列游戏以反恐战争为大背景，进一步展示了军事革命的吸引力。《幽灵行动：尖峰战士》（育碧公司2006年出品，销量190万套）是最早借鉴军方研发的"未来作战系统"和"目标部队勇士系统"的战术类军事游戏之一。玩家在游戏中负责掌控"幽灵行动"，该行动由一支美国陆军三角洲特种部队小分队执行，这个小分队的人员善于执行各类秘密任务。任务在墨西哥城展开，以城市为行动背景的游戏设置也符合美国军事战略

图 2.11 在《彩虹六号：维加斯 2》中，热成像技术配合发烟手榴弹的使用充分显示了高技术反恐部队的优势

家的预判。育碧公司对该游戏的简介呼应了未来美军特种行动中的网络中心战本质，"未来作战系统"的使用将成为其重要特色："2013 年，美国陆军将落实'综合勇士系统'，'现代战士'即将问世。综合勇士系统集成了现代化的武器装备、卫星通信设备和先进生存技术……玩家在游戏中使用高度集成的作战系统，其中包括先进的武器装备和革命性的通信系统，这将使玩家成为真正的'未来战士'。这款游戏是以美国陆军真实的研究成果为基础，它将向玩家展示未来十年战争将以何种方式进行。"[50]

为了实现这种网络中心化的游戏风格，《幽灵行动》中设置了一种名为"交互通信"的通信设备，这种设备可以让玩家收到来自无人机和其他玩家的视频和音频信息，所有信息都将显示

图 2.12　在《幽灵行动》中，成像装置和带有传感器的手雷使玩家能够"透视"并识别和追踪敌人

在玩家的头盔式显示器上。[51] 这种带有军事革命色彩的装备提升了玩家的态势感知水平，使玩家能够更好地掌控战场形势并指挥其率领的小分队。《幽灵行动》的后续版本——如《未来战士》等——更加推进了这种崇尚技术的热潮，这些游戏中出现了具有科幻色彩的大型无人驾驶装备、带有传感器并能自动分辨和追踪敌人的手雷、四旋翼无人侦察机以及隐身装具等（参见图 2.12）。

　　虽然汤姆·克兰西系列游戏与其他战术射击类游戏相比已经获得了巨大成功（得益于游戏市场规模和多样化趋势，这款游戏的销量超过了老版的《战地风云》和《荣誉勋章》游戏），但它还是没能取得足以挑战最新版《战地风云》和《使命召唤》销量的成绩。汤姆·克兰西系列游戏给战争类电子游戏带来的重要影响在于：其将高新技术作为游戏内容的核心组成部分，这种做法暂时扭转了战争类电子游戏内容单调的趋势。在其最新推出的四个版本（2012年的《黑色行动2》、2013年的《幽灵》、2014年的《高级战争》、2015年的《黑色行动3》）中，《使命召唤》也开始越来越多地依赖高新技术和充满未来色彩的场景来营造游戏效果。其中，《黑色行动2》（销量为2814万套）向大家展示了军事革命前与军事革命后的战争之间存在的巨大差异：20世纪80年代，玩家骑着战马在阿富汗与圣战者并肩战斗，使用火箭弹摧毁敌人的坦克、手持AK-47在沙漠中与敌人交火；而到了2025年，玩家则操纵着高科技无人机，使用带有X射线瞄准器的枪支，在智能手机上输入指令来黑掉敌人的机器人。这些充满未来色彩的武器装备给玩家提供了诸多新的能力，如看穿墙壁、隐身、让敌人的装备攻击敌人自己等。它们创造了新的游戏风格，也给程式化的战争类电子游戏注入了新的生命。《高级战争》也是一款口碑不错的游戏，这款游戏引入了单兵外骨骼，这就为游戏增添了一系列新的情节，也刺激玩家不断升级以提升游戏角色的个性化程度和玩家个人的游戏风格。军事革命中出现的高新技术成了丰富游戏情节的重要载体，也使玩家能够更好地实现游戏角色的个性化。在这一过程中，玩家能够通过对游戏的投入，把游戏中的角色变成自己想要的样子（参见图2.13）。

战争游戏叙事的碎片化

随着战争技能和科学技术成为游戏制作过程中关注的重点，加之2006年以后的战争类游戏开始将非对称威胁作为故事背景来展现全球反恐战争的艰难，战争类游戏已经不再有历史参照

图 2.13 在《黑色行动 2》中，20 世纪 80 年代的特种部队人员骑着战马在阿富汗激战，而未来的作战人员则使用特殊的翼装潜入敌后部署

物。总的来看，其内容也变得日益非常规、不连贯甚至不易理解。"破片伤害"一词起源于越南战争，指的就是士兵预谋使用破片手雷杀害其战友的行为，而这种行为通常会被伪造成意外事故。我们想说的是，战争类游戏的情节也落入了类似的窘境。设计者曾经借助游戏叙事与游戏行为的融合来带给玩家完整的游戏体验。但是现在，游戏的叙事变得碎片化、分散化，其不完整的程度已经到了难以作为一个整体来分析的地步。我们并不是对过去那种意识形态明确、叙事清晰的游戏念念不忘，但应该看到，上述变化意味着游戏产业关注的重点正在因"后电影"的影响而发生变化。举例而言，《变形金刚》等电影借助叙述将观众从一个特效场景带入到另一个特效场景，而《使命召唤》等游戏也是将一个个高度脚本化、碎片化的情节串联起来，带给玩家极度的

刺激感，从而达到游戏的"主要目的"。正如《使命召唤：高级战争》的一位评估人员所言："这款游戏的叙事因高度分散而遍布各处。游戏变成了刺激人肾上腺素的工具，玩游戏成了一种无须用脑的行为，因为游戏从来不会给你足够的时间去考虑你的行为会带来何种影响。游戏就算没让你筋疲力尽，也会让你无暇顾及其他"——显而易见，2006 年之后发行的战争类游戏无不如此。[52] 这些游戏关注情感有余而关注叙事不足，这就导致"游戏的主要作用是传递军事化思想"这一说法站不住脚。这些游戏并未借助叙事来引发玩家反思，而是鼓励玩家接受游戏传达的军事革命理念。这些理念被内化在构成游戏机制的所有计算过程当中，也被融入游戏的评分和反馈机制当中，其主要的作用就是营造和引导玩家的情感体验。[53]

在《使命召唤：现代战争》取得成功后，游戏的叙事进一步表面化。叙事的目的也不再是为了表现现实或是阐述某种军事观念，而仅仅是为了给游戏未来的情节做好规则、地形或领域方面的铺垫。例如，在游戏《使命召唤：现代战争 2》当中，俄罗斯入侵了美国东海岸，华盛顿特区几乎被敌军占领。一位名叫普莱斯的突击队员（玩家的友军）希望扭转局势，他采取的措施就是攻入俄罗斯核潜艇，向华盛顿发射一枚核武器，通过核武器的空中爆炸来制造高强度电磁脉冲，从而让美国掌握主动权（参见图 2.14）。为何在情节当中安排如此无稽的桥段呢？原因就是它能引出以下的情节：玩家成了华盛顿的一名海军陆战队员，但手中没有任何电子设备可用，甚至连枪支上的瞄准具都没有。同样，这个桥段也引出了多玩家模式下出现各种电磁脉冲武器系统的缘由。最后，这个桥段也是一场战役当中引人注目且比较戏剧化的

图 2.14　在《使命召唤：现代战争 2》当中，普莱斯上尉攻入一艘俄罗斯核潜艇并向华盛顿特区发射一枚核武器，制造出了高强度电磁脉冲，导致大规模停电和国际空间站被毁

一幕，它能够对后续情节的发展产生影响。在与敌人血战的过程中，往往这种不和谐的情节才能印入玩家脑海。许多战争类游戏的叙事都会引导玩家经历这种片段式的、不合逻辑的情感变化。加之游戏的节奏极为迅速，根本不会留时间给玩家反思过去，或是对游戏的叙事进行整体的思考。同"后电影"的建构模式一样，此类叙事手法的目的就是让玩家只记得几个重要的、史诗般的场景，而忘记游戏当中大量的碎片化场景，因为这些碎片其实对游戏的整体情节而言毫无意义。

　　此类叙事在表达意识形态方面也是力求模糊，原因就是游戏想要吸引的玩家当中既有支持武力的人，也有反对使用武力的人。除了对军队当中的官僚主义和文牍主义持负面态度之外，很多游戏对科学技术给战争带来的影响也表现出了负面态度——尽

图 2.15 在《使命召唤：黑色行动 2》中，一架装有机枪的四旋翼无人机会协助你从被劫持的美国无人机群和雇佣军地面袭击中夺回洛杉矶

管科学技术是战争类游戏吸引玩家的法宝。在《黑色行动 2》当中，玩家使用无人机会得到奖励（游戏中会出现一个机器人帮助玩家击杀敌人），但游戏中同样有"恐怖组织劫持美国无人机用于袭击洛杉矶"的情节（参见图 2.15）。在《使命召唤：幽灵》当中，军事技术同样给人带来不安：一个拉美国家联盟从美国获取了未来太空武器，并用这种武器来实施大屠杀。这种碎片化、模糊化的叙事也表明军事－娱乐复合体较军方的公关和宣传工作中集中明晰的意识形态已相去甚远。如果推动游戏出现上述变化的是意识形态因素，那意识形态背后的力量就会确保游戏在表述意识形态时不会模棱两可。这些游戏的主旨不是为了引发玩家的思考，而是为了让玩家有所期待，或是让玩家从游戏中获得快感——尤其是兴奋感或是英雄般的感受，让玩家不去想刚刚玩过的情节，而是全神贯注于即将开始的下一轮征程。

在这种不甚清晰的情节当中，唯一保持着连贯性的就是一种认识，那就是新型美国式战争是当前和未来作战的唯一方式。而先进信息技术和人工智能技术协助下的特种部队则是赢得战争胜利的利器。我们在这里阐述的只是诸多因素中的一部分，这些因素是游戏设计和生产过程中出现问题以及战争类电子游戏面临压力的原因。游戏产业没有成为军方爱国公关宣传的代言人，而是通过与军方进行合作甚至对军方施加影响来满足自己的需要。爱国主义宣传的重要性从来都排在经济利益之后，军事革命、恐怖主义甚至二战都不过是游戏开发商借以谋利的工具。虽然游戏当中没有进行明确的意识形态宣传，但是，游戏依然影响和塑造着人们对"当前战争怎么打"和"如何应对未来冲突"的认识。从战争类电子游戏（尤其是《使命召唤》系列游戏）在市场上获得的巨大成功来看，它们对现实世界中战争的影响是不容忽视的，我们认为，这种影响在未来还会持续下去。

注释

1 Roger Stahl, *Militainment, Inc.: War, Media, and Popular Culture* (New York: Routledge, 2010), 100.

2 Robert Purchese, "Bohemia's War: The Story of the Company behind Arma and DayZ," *Eurogamer*, April 30, 2014, http:// www.eurogamer.net/ articles/2014-04-29- bohemias-war-the-story-of-thecompany- behind-arma-and-dayz; Michael Peck, "Battle of the Video Games: Rivals Dual for U.S. Army Training Business," *Defense News*, December 1, 2009.

3 "BBN Technologies Helps to Launch 'DARWARS Ambush!' New PC-Based Combat Team Trainer for U.S. Soldiers in Iraq," *Business Wire*, December 7, 2004, http:// www.businesswire.com/news/ home/20041207005218/en/BBNTechnologies- Helps-Launch-DARWARSAmbush!- PC-Based.

4 Sean Gallagher, "Army's New Training Shooter Makes Out of Shape Soldiers Look Fat," *Ars Technica*, May19,2014, http://arstechnica.com/gaming/2014/05/ armys-new-training-shooter-makes-outof- shape-soldiers-look-fat/.

5 Stahl, *Militainment, Inc.*, 111.

6 Jon R. Anderson, "'America's Army: Proving Grounds' Out Today," *Army Times*, August 29, 2013. Unless otherwise noted, game sales statistics are drawn from http://vgchartz.com.

7 Ian Bogost, *Persuasive Games: The Expressive Power of Videogames* (Cambridge: MIT Press, 2007), 75–79; David B. Nieborg, "Mods, Nay! Tournaments, Yay!—The Appropriation of Contemporary Game Culture by the U.S. Military," *Fibreculture Journal* 8 (2006), http://eight. fibreculturejournal.org/fcj-051-modsnay- tournaments-yay-the-appropriationof- contemporary-game-culture-by-the-us- military/; David B. Nieborg, "Training Recruits and Conditioning Youth: The Soft Power of Military Games," in *Joystick Soldiers: The Politics of Play in Military Video Games*, ed. Nina Huntemann and Matthew Thomas Payne (New York: Routledge, 2010), 53–66.

8 Brian Massumi, *Parables for the Virtual: Movement, Affect, Sensation* (Durham, NC: Duke University Press, 2002), 40.

9 Kevin Roberts, *Lovemarks: The Future beyond Brands* (New York: powerHouse Books, 2005), 42–43; emphasis in original.

10 Alan Webber, "Trust in the Future: Interview with Kevin Roberts of Saatchi & Saatchi," *Fast Company* 38 (September 2000), http://www.fastcompany. com/41364/ trust-future.

11 Roberts, *Lovemarks*, 75.

12 Roberts, *Lovemarks*, 79.

13 Roberts, *Lovemarks*, 133.

14 Richard A. Grusin, *Premediation: Affect and Mediality after 9/11* (New York: Palgrave Macmillan, 2010), 76.

15 Massumi is quoted in Mary Zournazi, *Hope: New Philosophies for Change* (New York: Routledge, 2003), 232–233; emphasis in original.

16 Félix Guattari, *The Machinic Unconscious: Essays in Schizoanalysis* (Los Angeles: Semiotext(e), 2007); Félix Guattari, *Chaosmosis: An Ethico-Aesthetic Paradigm* (Bloomington: Indiana University Press, 1995); Massumi, *Parables for the Virtual*; Nigel Thrift, "Remembering the Technological Unconscious by Foregrounding Knowledges of Position," *Environment and Planning D: Society and Space* 22, no. 1 (2004): 175–190; Patricia Ticineto Clough, *Autoaffection: Unconscious Thought in the Age of Teletechnology* (Minneapolis: University of Minnesota Press, 2000); N. Katherine Hayles, "The Traumas of Code," *Critical Inquiry* 33, no. 1 (2006): 136–157; Grusin, Premediation.

17 Hayles, "The Traumas of Code."

18 Colin Milburn, *Mondo Nano: Fun and Games in the World of Digital Matter* (Durham, NC: Duke University Press, 2015).

19 Colin Milburn, *Mondo Nano: Fun and Games in the World of Digital Matter* (Durham, NC: Duke University Press, 2015), 56.

20 Colin Milburn, *Mondo Nano: Fun and Games in the World of Digital Matter* (Durham, NC: Duke University Press, 2015), 55–56.

21 Colin Milburn, *Mondo Nano: Fun and Games in the World of Digital Matter* (Durham, NC: Duke University Press, 2015), 56.

22 Nicholas Varangis, "From Pixels to Policies," August 2015, http://artoffuturewarfare.org/2015/08/from-pixels-to-policies/.

23 "Washington Think Tank Hires 'Call of Duty' Creator to Advise Pentagon on Future Threats to US," *RT.com*, September 28, 2014, http://rt.com/usa/191296- pentagon-call-duty-advise/. We are grateful to an anonymous reviewer of our manuscript for pointing us in the direction of the work of the Atlantic Council's Art of Future Warfare project.

24 Steven Shaviro, *The Cinematic Body* (Minneapolis: University of Minnesota Press, 1993), 26–27, 31–32.

25 Seb Franklin, "The Cut and the Code: Towards a Digital Economy of Film Editing" (unpublished paper, 2009), cited in Steven Shaviro, *Post Cinematic Affect* (Winchester, UK: 0 Books, 2010), 118.

26 Shaviro, *Post Cinematic Affect*, 119.

27 Shaviro, *Post Cinematic Affect*, 124.

28 Ubisoft Entertainment, Ubisoft Annual Report 2008 (2008), [31], https://www. ubisoftgroup.com/comsite_common/ en-US/images/Annual_Report_ 2008tcm9927542.pdf.

29 Stephen Totilo, "Why Activision Let Go of 'Ghostbusters' and '50 Cent' Games,"

MTV Multiplayer, November 5, 2008, http://multiplayerblog.mtv. com/2008/11/05/ why-activision-let-goof- ghostbusters-and-50-cent-games/.

30 Adam Satariano, "Did Activision Just Frag Itself?" *Bloomberg Businessweek*, April 22, 2010, http://www.bloomberg. com/bw/magazine/content/10_18/ b4176053952018. htm; Randy Nichols, *The Video Game Business* (New York: Palgrave Macmillan, 2014), 65–66; Chris Suellentrop, "Big Franchise: Modern Warfare," *Rolling Stone*, May 31, 2012.

31 Bogost, *Persuasive Games*, 59; emphasis in original.

32 The stealth-shooter genre, for example, often gives players incentives to avoid violence. While this is an exception to the general tendency here, stealth-shooter games also fall somewhat outside the popular wargame frame of reference we are using. Many of the most popular stealth-shooter franchises, such as *Metal Gear Solid and Tom Clancy's Splinter Cell*, have seen falling returns as console gaming has become more mainstream. *Splinter Cell: Blacklist* (2013) and *Metal Gear Solid: Ground Zeroes* (2014), the latest entries in their respective franchises, have seen around 2 million sales each. By way of comparison, *Call of Duty: Advanced Warfare* (2014) has sold 19.5 million copies and *Battlefield* 4 (2013) 12.5 million, placing them in drastically different categories.

33 This is not to say that franchise wargames are incapable of dealing with controversial and thought-provoking subject matter. The infamous "No Russian" level of *Call of Duty: Modern Warfare* 2, in which the player is tasked with slaughtering civilians in a terrorist attack, is a great example of such a provocative scenario. Content like "No Russian," however, is profoundly rare in franchise wargames and is routinely transformed into a reason and justification for military violence rather than its critique.

34 Aaron Thomas, "Medal of Honor: Airborne Review," *Gamespot*, September 4, 2007, http://www.gamespot.com/reviews/ medal-of-honor-airbornereview/ 1900-6178113/.

35 *Battlefield 1942* did include a single-player mode in which bots were substituted for other players, but in terms of function, that mode was similar enough to call it a multiplayer game.

36 Scott Osborne, "Battlefield 1942 Review," *Gamespot*, September 16, 2002, http:// www.gamespot.com/reviews/battlefield- 1942-review/1900-2880344/.

37 Christopher Dring, "The Medal of Honor Killer: A Call of Duty Story," *MCV*, November 1, 2013, http://www.mcvuk.com/ news/read/the-medal-of-honor-killer-acall- of-duty-story/0123617.

38 Bob Colayco, "Call of Duty 2 Review," *Gamespot*, November 15, 2005, http:// www. gamespot.com/reviews/call-of-duty- 2-review/1900-6139892/.

39 "An Introduction to Videogame Design History," *Game Design Forum*, 2014, http:// thegamedesignforum.com/features/ GDH_1.html.

40 Massumi, *Parables for the Virtual*, 40.

41 "Battlefield 2 Review for PC," *Gamer Mall*, July 1, 2006, http://www. gamermall.com/ computer-games/reviews/battlefield-2. htm; William D'Angelo, "Battlefield: A Sales History," *VGChartz*, June 6, 2012, http://www.vgchartz.com/ article/250173/ battlefield-a-sales-history/.

42 Electronic Arts, "Medal of Honor Warfighter— EA," 2013, http://www.ea.com/ medal-of-honor-warfighter.

43 David Martin, "7 Navy SEALs Disciplined for Role with Video Game," *CBS Evening News*, November 8, 2012, http://www. cbsnews.com/news/7-navy-sealsdisciplined- for-role-with-video-game/; Spencer Ackerman, "After Taking SEALs Hollywood, Navy Slams Commandos for Videogame," *Wired*, November 9, 2012, http://www.wired.com/dangerroom/ 2012/11/seal-video-game/.

44 Simon Parkin, "Shooters: How Video Games Fund Arms Manufacturers," *Eurogamer*, January 31, 2013, http://www. eurogamer.net/articles/2013-02-01- shooters-how-video-games-fundarms- manufacturers.

45 Ryan Smith, "Partners in Arms," *Gameological Society*, August 13, 2012, http:// gameological.com/2012/08/partners-inarms/.

46 Quoted in John Walker, "War Torn: EA Shouldn't Have Cancelled Medal of Honor," *Rock, Paper, Shotgun*, January 31, 2013, http://www.rockpapershotgun. com/2013/01/31/medal-of-honorcancelled/.

47 John Walker, "Wot I Think—Medal Of Honor: Warfighter Singleplayer," *Rock, Paper, Shotgun*, October 29, 2012, http:// www.rockpapershotgun.com/2012/10/29/ wot-i-think-medal-of-honor-warfighter/.

48 David Streitfeld, "This Is War (for a Game Industry's Soul)," *New York Times*, October 19, 2013, http://www.nytimes.com/2013/10 /20/technology/this-is-war-for-a-gameindustrys- soul.html.

49 Mike Snider, "Interview: 'Black Ops II' Consultant Peter Singer," *USA Today*, May 2, 2012, http://content.usatoday.com/ communities/gamehunters/post/2012/05/ interview-black-ops-ii-consultantpeter- singer/1.

50 Ubisoft Entertainment, "Ghost Recon Advanced Warfighter," 2006, http:// http:// www.metacritic.com/game/playstation-2/ tom-clancys-ghost-recon-advancedwarfighter/ details.

51 Technology like this was reportedly used by SEAL Team Six during the Bin Laden raid, to great effect. See Spencer Ackerman, "Eye Spy: Monocle Gives Commandos Drone Vision," *Wired*, May 19, 2011, http://www.wired.com/2011/05/ eyespy- monocle-gives-commandos-dronevision/; Stephen Trimble, "Report: RQ- 170 Spied over Osama Bin Laden's Bed Last Night," *Flightglobal: Aviation Connected*, May 2, 2011, https://web.archive.org/ web/20140714014055/http:// www. flightglobal.com/blogs/the-dewline/2011/ 05/report-rq-170-spied-over-osama/.

52 David Crookes, "Call of Duty Advanced Warfare Review: It's Exactly What the Series Needed," *Independent*, November 4, 2014, http://www.independent.co.uk/ life-style/

gadgets-and-tech/gaming/callof- duty-advanced-warfare-first-lookreview- this-is-what-the-series-needed- 9838996.html.

53 Bogost, *Persuasive Games*.

2.1　特种部队的启示

角色发展和同志情谊

使用特种部队而未使用传统部队，目的就是为战争过程中的角色发展提供更为有力的故事背景。在早期的《使命召唤》等游戏中，看到队友被敌人打死不会给玩家带来任何特别的伤感（队友的角色会迅速被其他虚拟角色以其他名字取代），但从《使命召唤 4》起，玩家开始作为团队中的一员来参与游戏。你有自己的名字，有自己的性格。和你一起参与游戏的人都很专业且水平不俗，使你在游戏过程中既不盲目又充满英雄气概。

除了惩治邪恶势力、战胜困难以达成目标之外，你的作战目的还包括拯救亲如兄弟的队友，而你的队友也同样会这么做。如果你的队伍中有人牺牲，游戏在这时会使用特殊的表现手法，使这个时刻在整个游戏中具有特殊的意义。与其他以二战为题材的游戏不同，队友的牺牲在这

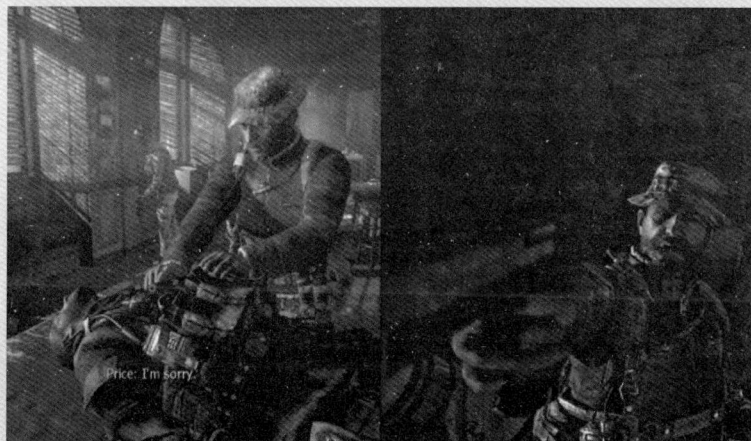

W2.1.1　在《使命召唤：现代战争 3》当中，索普的死亡导致队长普林斯上尉采取疯狂的刑讯行为

款游戏中绝不会成为无足轻重的事，而会成为后续情节的重要转折点。

举例来论，在《战地风云 3》当中，你需要杀死你的一名队友以保护一名俄罗斯特工，这名特工掌握着关于用核武器袭击巴黎的重要情报。这一不忠诚的行为正是游戏情节的基石，也是游戏采用倒叙手法并将中央情报局的审讯作为故事开端的原因。在《使命召唤：现代战争 3》当中，一名叫索普的游戏角色在一次失败的刺杀行动中牺牲，导致你的队友怀疑你是叛徒。在队长对你实施刑讯之后，游戏的情节会逐步展示你与刺杀对象的关系等背景，激励你在未来的行动中采取弥补措施，以挽救索普的牺牲带来的损失。上述两个事例只是诸多类似事例的冰山一角，它们都使用了特种部队小组这一设定作为推动角色成长的模式，并使用队友的牺牲作为情感催化剂，为未来的情节发展提供动力。

弱者战胜重重阻力

使用特种部队这一设定改变了军事实力的分配：西方军队成了弱者，

W2.1.2　在游戏《战地风云 3》中，玩家要杀死一名队友以保护俄罗斯特工迪玛，迪玛掌握着关于一次核袭击的情报，而结局会证明这一行为的正义性

而不再是世界上规模最大、装备最为精良的军事力量。玩家在游戏中作为一个 2—6 人行动小组的一部分参战，对手则是数百名穷凶极恶的敌人，他们会想尽办法置你于死地。这种弱势地位迫使你想尽办法解决燃眉之急，而做这些事的同时，你也会因面临如此严峻的挑战而产生自豪感。这种设定颠覆了反恐战争的事实，实际上，反恐力量远远大于制造非传统安全威胁的叛乱分子。游戏中的叙述夸大了全球恐怖分子制造的威胁，同时也对民众由此产生的积极和消极的情感进行了持续引导。如果你是一个 50 人小分队的成员，任务是对抗 10 名叛乱分子，那这样的游戏就缺乏刺激感和娱乐性，也不会让玩家对游戏充满期待。因为这种设置会让玩家觉得游戏中的挑战不值得投入大量时间，而且会让玩家对军事力量产生负面认识。而这种负面认识正是战争类电子游戏想要尽力避免的，因为这种认识会导致人们对战争类电子游戏本身产生怀疑。与此相反，如果一个小分队要去对抗数不胜数的敌人，那就会出现快节奏的情节，给玩家带来诸多的挑战和积极的情感反馈，而这些因素是获得市场成功必不可少的。在这种情况下，研发人员只能牺牲真实性，来换

W2.1.3　在《荣誉勋章》中，海军海豹突击队的两人小分队要面对数倍于己的车臣和塔利班武装分子

取游戏的刺激性，通过让你面对严峻的挑战催生你的英雄情结。

在现实世界，美国军队在数量上通常都要超过作为对手的叛乱分子。例如，在海豹突击队第六小队突袭本·拉登位于巴基斯坦阿伯塔巴德的藏匿地时，行动分队由 23 名训练有素的海豹突击队员、1 名翻译和 1 条狗组成，另有诸多人员充当后备力量。根据情报显示，当时藏匿地共驻有 4 名成年男子、5—6 名成年女子和约 20 名儿童，这其中大多数人不会构成任何威胁。[1] 如果算上支援力量，这次行动的实质就是 79 名训练有素的突击队员对付 4 名男子。[2] 在电子游戏的情节中，这个数字对比被完全颠覆了：4 名美军士兵要对付成百上千名敌人。

创造真正的超级战士

在游戏中使用特种部队也有助于开发人员在带给玩家真实游戏体验的同时让玩家有成为"超级战士"的感受。"超级战士"是积极情感的有

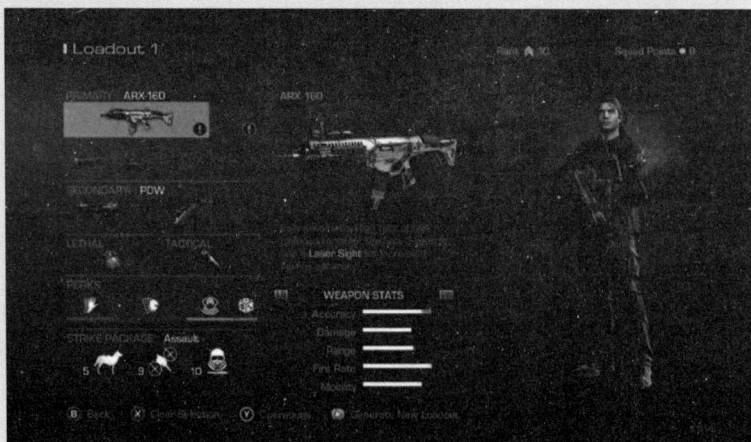

W2.1.4 《使命召唤：幽灵》中各具特色的武器装备使玩家的角色更有辨识度，玩家对角色的投入也会更多

效载体，能够让玩家觉得自己与众不同且无所不能，具备完成特定任务的独一无二的本领。特种部队之所以特殊，原因就在于他们经过严格训练，比他们的敌人掌握更多的本领。

从现实主义的角度看，特种部队成员可以有特殊的外观并携带特殊的装具，但普通部队的军人则不允许这样做。因此，使用特种部队能够让游戏中的角色更加具有代表性，他们可以拥有独特的形象和性格；他们也可以使用非制式的武器装备和附件，如无声狙击步枪、带有红外瞄准具或其他高技术配件的自动武器等。与此相比，普通部队中军人的形象缺乏特点，行为和战术千篇一律，很难激起玩家的兴趣。

从叙述的层面讲，使用特种部队使玩家能够更加灵活地确定行动目标，而不用过于严苛地依照指挥体系行事。尽管从指挥体系的角度看，玩家只是大部队中的一名小兵，但在游戏里的诸多后现代战争中，玩家还是有着更多的自主权，很多游戏目标是由玩家的队友决定，而不是由耳机中传来的上级冰冷的声音决定。尽管在后续的很多游戏中无线电通

W2.1.5　在《使命召唤：现代战争2》中，普莱斯上尉领导玩家实施攻击行动。游戏不要求你有解决问题的特殊能力，普莱斯上尉会告诉你该怎么做。采取其他行动可能有损你的隐蔽伪装并给你带来其他问题

信仍然非常重要，但最为成功的战争类电子游戏很多都是把决策权交给现地的特种部队，而不是依旧服从官僚化的军事指挥体系，这就让玩家在完成任务的过程中拥有了更大的自主权。

当然，在大多数的战役中，命令和指示的下达者只是从远离战场的上级变成了你所在小分队的领导人，所以如果说这一设定真起到了作用的话，它也只是充当了一种用来传递情感并营造浸入式游戏体验的工具，而不是为了提升玩家自主权所采取的措施。

注释

1 Mark Bowden, "The Hunt For 'Geronimo,'"*Vanity Fair*, November 2012, http://www.vanityfair.com/news/politics/2012/11/inside-osama-bin-ladenassassination-plot.

2 Steven Lee Myers and Elisabeth Bumiller,"Obama Calls World 'Safer' after Pakistan Raid," *New York Times*, May 2, 2011,http://www.nytimes.com/2011/05/03/world/asia/osama-bin-laden-dead.html.

2.2 战争类电子游戏的营销模式

内容：刚好足够，不宜太多

战争类电子游戏的内容要刚好让玩家沉浸其中，而又不宜过多，不能让玩家在下一版游戏上市时仍未完成上一版游戏的任务。战争类电子游戏的出版商们有专门的公式来解决这个问题。按照设计，单人战役的持续时间是 6—10 个小时，此外再借助不同的难度设计来让游戏有重玩一遍的价值。

通常情况下，这些战役的情节都是线型的，其过程不会受到玩家行为的太多影响，这就让重玩游戏在某种程度上相当于简单重复。与此相比，多玩家游戏则会吸引玩家投入更多时间，原因是玩家的对手也是人而不是设计好的程序。与电脑不同，人具有不可预见性，这就让多玩家游戏的内容变得丰富多彩并充满各种可能。尽管游戏中的战役还是发挥着引导多玩家游戏体验的作用，很多评论人士还是推测：未来的战争游戏可能会放弃战役设置，而重回早期《战地风云》系列游戏的多玩家"沙盒"模式。

但即便是多玩家游戏依然面临着瓶颈：玩家需要花一年的时间玩遍游戏中的 8—10 幅地图，但新游戏变成老游戏却只需要几个月的时间。为了提供足够的内容来保持玩家的兴趣，发行商开始发布可供下载的游戏内容包，玩家可以购买这些内容包以给自己的游戏添加更多内容。这种做法不仅成为发行商获取更多收入的手段，也延长了一款游戏的寿命，使其对玩家而言更有价值。当玩家逐渐对一款游戏失去兴趣时，新的游戏内容包就会出现，给游戏注入新的生命力。一套内容包的价格常常和游戏本身的价格不相上下，区别就是内容包通常是小规模、分阶段地推出，例如：一款游戏的价格是 60 美元，而配套的 4 个内容包每个价格为 15 美元。如果你不花钱购买新的内容包，你能玩的游戏内容就会相对较少，你也会被排除出安装了新内容包的玩家群体。如果你不想影响自己的游戏经验，你就会升级游戏，再玩几个月，然后发现新的内容包又出现了。当新一版游戏上市时，旧版游戏的寿命自然就走到了尽头，发行商会停止为旧版游戏推出新内容包，玩家们也就自然而然会去购买新版的游戏了。

细加琢磨

最为成功的战争类游戏会为玩家提供诸多刺激性的情节，让玩家对游戏乐此不疲。这种刺激性的情节常常被用在多玩家游戏当中，并常常伴有角色扮演游戏中使用的评级体系。这种模式减少了游戏的编程成本，却大大增加了玩家在游戏上投入的时间。举例而言，这些游戏中没有再使用以经验值换取枪支和技能的简单评级体系，而是设置了很多小的挑

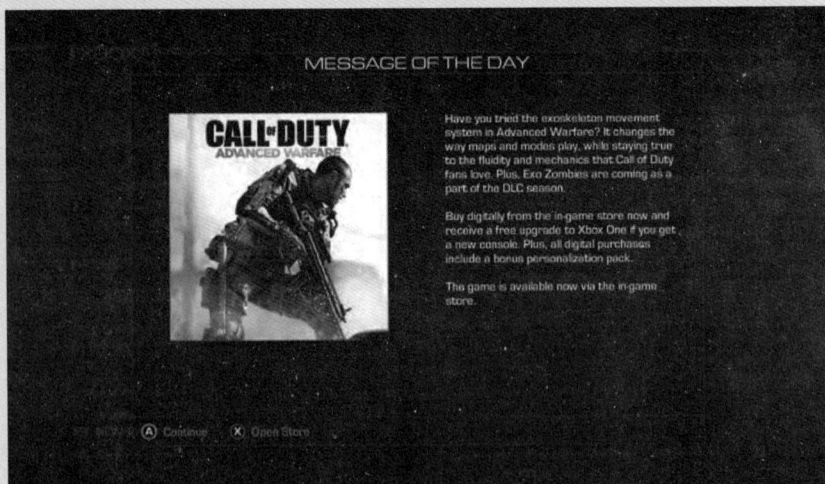

W2.2.1　动视公司不懈地为其游戏推出新的升级包

142

战并采用了各具特色的评级体系。使用普遍性的评级体系可能会让你更容易获得特定的枪支，但这种枪不会具有任何特色，也不会让你迅速升级——除非你使用这支枪击毙了一定数量的敌人。这样一来，游戏中的每种武器都有了自己的评级体系，你可以拥有极富特点的配件，如消声器、各类不同的瞄准具或大容量弹匣等。这些各具特点的评级体系都大幅增加了玩家完成游戏的时间。

部分游戏，如《黑色行动》系列，则开始将上述过程商品化。这些游戏将升级的依据变为你在游戏中获得的金钱数，而金钱数则取决于你赢得了多少场胜利、打出了多少次"爆头"、应对了多少挑战、积累了多少经验值等。你可以用你获得的金钱为你在游戏中的角色购买枪支，而传统的经验值则决定着你的等级。《使命召唤：幽灵》进一步拓展了这一体系，这款游戏引入了多玩家小分队模式，玩家选择电脑控制下的角色组成小分队，这些角色可以自动升级。完全通过这些多层级评级体系需要投入大量的时间，有玩家因此认为这种游戏设计是懒惰、磨人的表现。

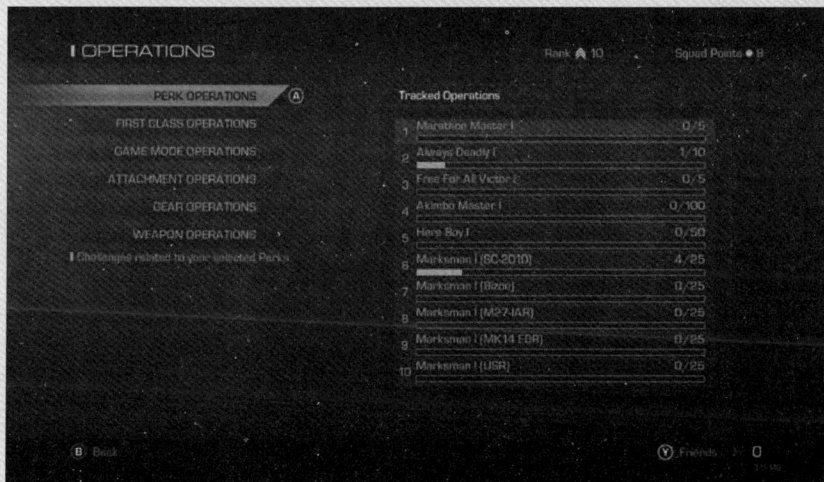

W2.2.2 《使命召唤：幽灵》中提供了数量众多的多玩家评级的机会，以使玩家不至于很快就对游戏内容失去兴趣

玩此类游戏也是不断重复的过程，其背后的动力就是"如果能过关就会有更大的收获"。

情感管理

最为成功的战争类电子游戏通常会精妙地处理玩家的自主权与游戏体验之间的关系，并以此为提升未来游戏的销售量营造情感环境。

特许经营的战争类电子游戏通常不会给玩家以"颠覆性"的方式参与游戏的机会。虽然《战地风云》系列游戏曾经发布过官方版的游戏修改软件，这款软件可以修改早期版本的《战地风云2》。但在后来，游戏开发商改变了这一政策，声称由于游戏引擎过于复杂，开发修改软件将面临太多困难。然而，伴随游戏引擎复杂化而来的是开发成本的提升，《战地风云》也逐步成长为一个成功的游戏品牌。由于涉及数百万套的游

W2.2.3　在《战地风云3》中，伊拉克一幢建筑在地震后倒塌，随后叛乱分子占领了这个地区

戏销量，游戏出版商必须保证玩家与游戏之间有积极的情感联系，如果玩家对游戏已经没有期望，那玩家之后就有可能不再玩这款游戏。如果允许他人使用修改器来改变游戏体验，发行商对游戏的情感控制就会弱化，发行商未来就可能因此而遭受损失。出于上述考虑，主要的战争类特许经营游戏都不再允许玩家使用修改器。

战争类电子游戏在设计过程中还花费了大量精力，通过提供正面或负面反馈的办法来管控玩家的情感。[1] 这一点在单玩家游戏中表现得最为突出，这类游戏中充斥着脚本化的情节，设计这些情节的目的就是给玩家带来震撼并提升玩家的兴奋度。

这些战役中有很多让玩家几乎身处绝境的情节，包括几乎被倒塌的建筑物掩埋或被迎面驶来的坦克碾碎，玩家往往在最后时刻才会得到队友的搭救。多玩家游戏则会给玩家的行为提供一系列积极的情感反馈，游戏会使用令人眼花缭乱的特效来庆祝玩家晋级，或

W2.2.4 如果玩家在游戏中偏离了战争类电子游戏的设计思路，你会收到警告：要么回头要么面临死亡。这就使开发人员能够确保你得到他们想让你得到的游戏体验，并且也减少了研发的工作量和特定设置的数量

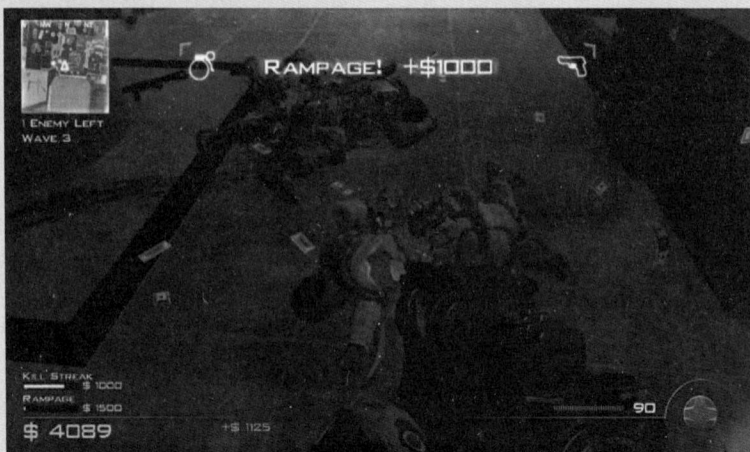

W2.2.5 在《现代战争 3》中，玩家如果打出"暴击"效果，就会得到高额的金币奖励

者为玩家打出"爆头"而给予玩家巨额金币奖励。战争类电子游戏使用这些脚本化的情节及多种类型的反馈，目的就是刺激玩家，调动玩家继续玩游戏的欲望，同时让他们对游戏中使用的暴力行为视而不见。通过这些做法，战争类电子游戏维持了玩家对游戏的情感，也刺激了玩家反复为虚拟战争投入资金，从而给发行商带来持续的经济利益。

注释

1   James Ash, "Attention, Videogames and the Retentional Economies of Affective Amplification," *Theory, Culture & Society* 29, no. 6 (2012): 3–26; James Ash, "Technologies of Captivation: Videogames and the Attunement of Affect," *Body & Society* 19, no. 1 (2013): 27–51.

2.3 当前战争类电子游戏中的军事革命

新的敌人

在现代社会，国家之间的战争耗资巨大且比较罕见，战争通常会表现为在第三方因素刺激下发生的冲突，而不是国家之间出现的战事。

举例而言，在《使命召唤：现代战争2》中，美国和俄罗斯开战的原因是俄罗斯的恐怖组织在俄国一个机场袭击了数千名平民，并将此次袭击事件嫁祸给美国。而在《使命召唤：黑色行动2》中，恐怖组织发动网络攻击摧毁了中国的金融市场，并将此事栽赃给美国，从而把中美两国推向了战争的边缘。

叛乱组织经常被描绘为无所不能、训练有素的武装力量，他们的实力几乎与世界主要大国的军事力量相当。恐怖组织为何拥有成百上千名

W2.3.1 在《使命召唤：现代战争2》中，俄罗斯人弗拉德米尔·马卡洛夫在俄罗斯一个机场枪杀平民

准备攻击特种部队的武装分子呢？部分游戏——如《使命召唤：黑色行动 2》——对这个问题的回答是：叛乱组织使用了雇佣军。这就引出了另一个问题：叛乱组织雇用了这么多人，并让这些人甘愿为跟自己毫不相关的事业而献身，那叛乱组织雇用这些人的资金从何而来？

新的技术

游戏情节本身并不足以吸引玩家对游戏投入。事实上，战争类电子游戏的剧情大同小异，仅仅做一些小的更改就可以将一个游戏直接移植到另一个游戏。如果需要，针对俄罗斯军队的战争场景经过简单地修改就可以变成恐怖分子袭击或是雇佣军之间战争的场景。因此，大多数战争类电子游戏都允许玩家跳过开场动画——因为情节叙述并不是不可替代的。

与战争类电子游戏大同小异的情节相比，军事技术才是赋予游戏个性和风格的要素。军事技术还为玩家提供了方法，使其能够战胜游戏设计者在游戏中设置的种种障碍。在游戏开始阶段限制玩家的武器装备，除了能够刺激玩家英勇杀敌以求升级之外，还能通过让玩家在后续游戏过程中，通过获取不同作战能力形成独特的游戏风格。尽管游戏的情节经常会出现重复，但真正招致批评的往往是军事技术的重复。如果一家公司敢把老游戏中的军事技术全盘带到新游戏当中，玩家会认为新游戏并不是一个完整的产品，而只是老游戏配上了新地图而已。举例来说，《使命召唤：现代战争 3》就受到了玩家的批评，因为玩家发现这款游戏在技法、枪支、奖励和游戏引擎上都没有明显的进步。[1] 新游戏需要融入新的配件、枪支以及其他工具，要能够推动玩家学会新的游戏风格。技术使战争类游戏给玩家带来新鲜感，它们才是真正的"改变游戏规则的因素"。

新的武器装备和力量倍增器

在军事革命的语境中，先进军事技术是现代军事力量的关键，而军事革命自身也已成为战争类电子游戏体验的重要组成部分。这些技术在单玩家游戏中已有所体现，而在多玩家游戏中，技术的重要性更是体现

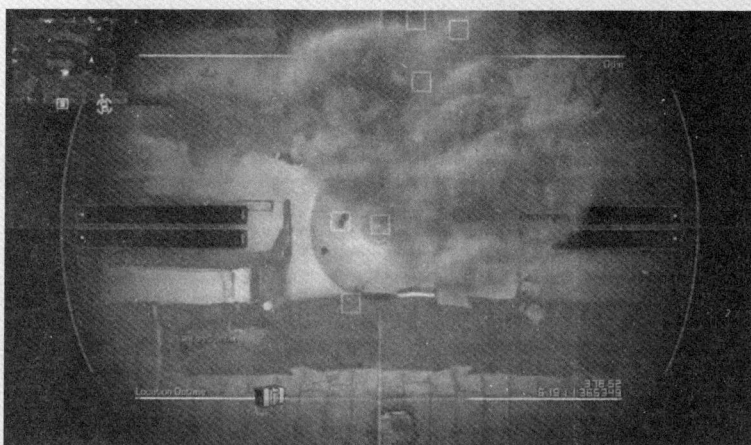

W2.3.2 类似"奥丁"（上图）的高技术武器和类似作战外骨骼的新型支援设备（下图）给战争游戏带来了新意，因为它们有助于新的游戏技能和游戏模式的形成

得淋漓尽致。在《使命召唤4：现代战争》取得成功之后，许多游戏开始采用新的评级体系，玩家可以通过提升技能和投入时间来换取更加先进的军事技术。

新手在游戏刚开始时使用标准化的武器装备（指系统预设的装备，无法定制），然后随着游戏经验值的不断增加，玩家可逐步接触到高新武器和其他装备。获取这些个性化的武器装备对玩家来说是一种激励，它刺激玩家对游戏给予更多投入，也迫使玩家在使用低端武器获取足够的技能后才能借助高新武器大幅提升能力。

举例而言，在《使命召唤：现代战争3》的多玩家模式中，如果玩家达到上尉2级（50级），你就解锁了使用ACR6.8的技能，ACR6.8是一种火力强大的突击步枪。但刚刚解锁这种枪支时，玩家手中没有瞄准镜和其他配件来提升枪支准度并降低枪支后坐力。在使用这种枪支击毙一定数量的敌人后，你的级别就会提升并有权使用红点瞄准镜来提升枪支准度。如果你使用这种枪支击毙了一定数量的敌人并达到14级，你就可以加装高科技的心率传感器。每种武器都有类似的个性化过程，前提是你使用这种武器并成功完成了一定任务。

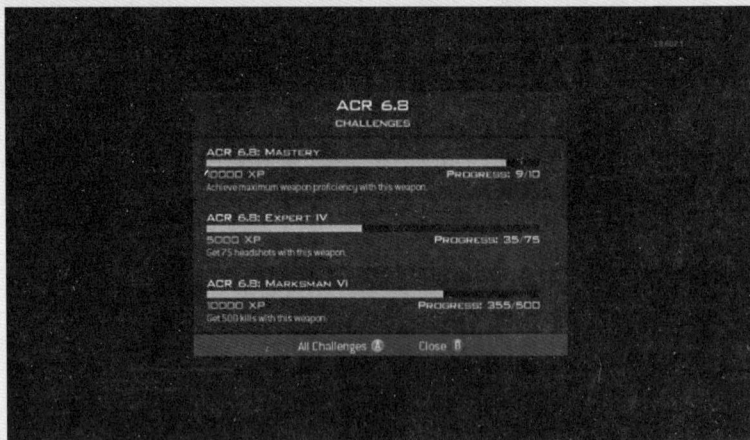

W2.3.3　在《使命召唤：现代战争3》中，使用ACR6.8需要达到一定级别

W2.3.4 《使命召唤：黑色行动 2》中使用 AGR 的连杀奖励是一部地面机器人，这部机器人将为你提供保护并帮你击杀敌人，前提是你需要在保证自己生存的情况下获得 1000 分

　　除了武器之外，你在游戏中还会赢得"技能"和"连杀奖励"，从而拥有特殊能力。"技能"能够使你的游戏角色不被侦察设备发现或者移动速度更快，而"连杀奖励"则是你在保证自己生存的情况下连续击杀一定数量敌人而赢得的奖赏。"连杀奖励"使你能够获取新型军事技术，其中包括自动化的枪械、"捕食者"无人机、支援型武装直升机等力量倍增器。

　　以上所有在游戏中使用高技术实现个性化的措施都是军事革命思想的产物。在现代战争类电子游戏中，科学技术往往是获取成功的首要因素。

注释

1　Keith Stuart, "Modern Warfare 3 Reviews: Why Is This the Most Hated Game on the Web?" *Guardian*, November 10, 2011, http://www.theguardian.com/ technology/ gamesblog/2011/nov/10/ modern-warfare-3-internet-hatred.

第三章

近在眼前：军事革命与情感娱乐

军方与媒体之间开展密切合作的典型就是影视领域。影视制作商与五角大楼之间长期保持着互惠的合作关系，影视制作商有权接触到军方严控的装备、部队和内部资源。

影视制作商需要接触到昂贵的军事装备、战时的影像资料以及军事顾问，而军方则希望借助流行文化的影响力来塑造其公共形象。二战结束后不久，五角大楼即成立了好莱坞联络办公室。这个办公室以允许影视制作商接触军方资产为代价，换取其在影视作品中对军方的积极和正面描绘，借此对影视作品施加直接影响。五角大楼掌控着影视制作商从其他渠道无法获取的稀缺和贵重的资源，这就使其掌握了迫使影视制作商修改剧本的权力——事实上五角大楼经常运用这一权力，以至乔纳森·赫尔利认为：五角大楼的行为是对不利于军方的内容进行审查，同时对美国民众开展积极的宣传。[1] 罗杰·斯塔尔和罗宾·安德森也曾提到：自 20 世纪初大众媒体在美国兴起开始，娱乐产业参与军方宣传工作的情况就一直存在且相当普遍。[2]

从 1991 年第一次海湾战争爆发直至 2003 年入侵伊拉克，一个带有"阴谋论"色彩的新词汇逐渐浮出水面，这个词就是"军事娱乐"。罗杰·斯塔尔对这个词的定义是："由国家暴力转型而成的娱乐消费产品。进一步讲，这种国家暴力不是抽象的、遥远的、历史的行为，而是与民众政治生活直接相关的、正在进行的使用武力的行为。"[3] 斯塔尔和安德森还对诺姆·乔姆斯基和爱德华·赫尔曼在《制造共识》中的观点进行了拓展，他们提出：在越南战争期间媒体对军方行动产生重要影响之后，五角大楼、美国国务院甚至是历届美国政府（直至布什当政为止）关注的一个核心问题就是如何让民众对美国军事政策形成共识。为了实现这一目标，政府采取了"管控公共舆论""压制自由民主人士的声音""限制民众在国家决策——尤其是军事决策中的作用"等措施。取消兵役登记、实行全志愿兵役制就是这方面迈出的重要一步，其目的就是避免普通民众参与有关战争问题的讨论和决策过程。

政府采取的另一个重要措施就是将媒体纳入军方的利益轨道。越南战争期间五角大楼与电视媒体交往的经历表明：电视媒体过于充分地拉近了民众与战争的距离。在随后的十年中，军方与媒体尝试采取多种措施建立合作关系。这些措施在形式上各不相同，但实质上却出于同一个目的：避免民众未来再次出现大规模反战情绪。20 世纪 80 年代到 90 年代是媒体产业出现重组的一段时期，在经历合并后，集团化的大型公司开始出现，媒体巨头们开始实施更加激进的盈利战略。其中，新闻机构的规模有所压缩，数量也有所减少。获取新闻开始更多地依赖于集约化的资源和新闻采集实践（如通过政府的公关办公室来实施），而不再依赖于调查式的新闻活动。安德森就曾经深入分析过这个问题：在媒体所有权不断变化的时代，旨在吸引消费者的营销技巧是如何对新闻学产生了本质的影响。在第一次海湾战争发生前的一段时间，推广人员就注重通过商业手段营造积极的媒体环境，再在这种媒体环境中对战争进行一系列的报道，从而避免消费者对战争产生消极的联想。[4] 在这个过程中，对战争的描绘带有商业推广的色彩，而不仅是为了让民众了解战争的相关信息。

这种新型战争描绘模式的核心就是在好莱坞大片、音乐电视及广告中出现的新摄制技法。好莱坞的新型大片与传统电影不同，它们的结构是由关系松散的、带有一定独立性的动作片段组成，维系这些片段之间关系的是宏伟的视觉冲击和炫目的特效，而不再是过去电影中发人深省的、逻辑严密的叙事。一维的描述取代了复杂的形象刻画和角色发展，电影的情节也只是连接眩目场景的工具。迈克尔·贝拍摄的《珍珠港》就是一个典型的例子，在这部电影中，叙事的深度被彻底放弃，取而代之的是宏大的场景和各种特效。使用这种结构松散的表现技法目的就是创造特殊的感情效果，如激动、兴奋等，而不是为了换取理性的理解和反思。除电影外，这种技法还被使用在了早期的音乐电视拍摄当中，使那个时期的音乐电视大受欢迎。不仅如此，新型广告的拍摄也采纳了这种技法——制作者将一系列没有内在逻辑的画面剪接到一起，借此来引起消费者对产品的积极情感。在这股潮流的推动下，公众语境中对战争的关注从理性研讨和道德辩论演变成了情感的博弈，而这种情感博弈的本质正是通过媒体对战争激荡人心的描绘来争取民众的支持。

安德森还认为：在海湾战争期间，新闻媒体上也充斥着源自电影、音乐电视和广告的战争形象，导致新闻媒体中的战争也变得煽情、引人遐想却毫无逻辑可言，其目的就是引起观众的情感共鸣。新闻报道中对战争的拍摄技法也变得以煽情为主，这种拍摄技法取代了我们熟悉的崇尚客观、批判的纪录片风格，它没有给观众留下任何思考战争的空间。"我们看到的是他们希望我们看到的东西，我们的体验也是他们希望我们得到的体验。"[5] 斯塔尔和安德森都认为，在"沙漠风暴"行动中，军方通过公关活动向人们呈现了一场"干净的战争"。公众通过荧屏看到的是激光制导弹药和各种夜视仪等高科技装备，战争通过美国有线新闻网以不间断报道的形式传递到公众家中，公众成了享受战争视觉盛宴的人。他们连思考的功能都被抑制，更不用说提出异议了。在美国有线新闻网的战争报道中，战争成了一顿大餐，公众则成了这顿大餐的消费者，而不再是拥有民主思想的主体。斯塔尔和安德森提出：商业电视台在战争报道中有意去除了有关死亡的图像和词汇，取而代之的是高科技战争机器、精确制导弹药和爱国者导弹带给人的震撼和快感。它们对战争的报道都经过悉心地编辑，目的就是营造出商业电视台想要达到的情感效果。

如果说对第一次海湾战争的报道成功地使新闻媒体成为军方公关工作的延伸，那么在 2003 年入侵伊拉克的战争打响后，战场信息的传播更是受到了严格的管控。军方建立了随队报道体系，报道人员根本无法看到未经军方批准的消息。在缺乏独立消息来源的情况下，中央司令部在其媒体中心举行的每日新闻发布会、五角大楼提供的战场录像和军方公关办公室提供的材料就成了国内民众收知军方消息的主要来源。[6] 在《军事娱乐公司》当中，斯塔尔提出："9·11"事件发生后，社会上出现了一种新的、更为有效的将公民意识融入军事－娱乐复合体的方式，那就是通过互动的手段使消费者接触军事信息。这种方式不同于斯塔尔所提出的"宏伟战争"理念（通过使民众无法近距离接触战争来控制负面舆论），它借助"9·11"之后出现的互动式影视和游戏技术吸引民众参与到军事活动中来，成为军事活动当中一个虚拟玩家。[7] 除了将用于军事训练和模拟项目的平台当作商业游戏发售之外，五角大楼和美国国务院的公关团队还与娱乐工作室开展合作，制作出了一批真人秀节目和影视作品，用来引导消费者对军事问题的看法。

　　毫无疑问，白宫、国防部和美国军队一直左右着媒体对美国在中东战争行为的报道，他们与新闻媒体、电视台、好莱坞密切合作，以获得民众对正在进行的反恐战争的支持。这方面的案例不胜枚举，其中最具代表性的包括：卡尔·罗夫在"9·11"发生几周后就与媒体界要员举行了会晤，当时参加会晤的包括美国电影协会主席杰克·瓦伦蒂、维亚康姆公司总裁萨默·雷石东、福克斯公司总裁鲁伯特·默多克以及来自多家主要电影工作室的管理人员、编剧和导演等人。卡尔·罗夫向这些人介绍了白宫的军事目标，并请这些人协助唤起民众对政府行动的支持。[8] 这次会晤迅速取得了成果：一部名为《特区"9·11"：危机时刻》的纪录电影很快上线，其内容就是讲述布什政府在"9·11"袭击发生之后的应对措施。军方支持拍摄的其他电影、电视节目甚至新闻报道也接踵而至，其中就包括从伊拉克纳西里耶医院中拯救受伤被俘的美国女兵杰西卡·林奇的事件。该事件的经过被拍摄下来并被编辑成了类似好莱坞动作大片的影片，但后来人们才得知影片中有很多镜头是不真实的摆拍。[9]

尽管上述事件表明新闻机构和其他可视媒体得到了军方不同程度的支持，也的确有人将这种现象解读为军方与娱乐界开展秘密合作，以寻求公众对军方的支持。但我们还是认为，对资本主义媒体市场进行分析有助于我们更好地理解为何反恐战争成了流行文化中的一个重要题材。[10]同史黛西·塔卡斯一样，我们也相信军方、企业界和好莱坞之间出现了利益的交织，这种利益交织形成的原因是流行文化市场的推动。正是在这种利益交织的强烈刺激下，市场上出现了大批军事题材的娱乐产品，也间接导致了新型美国式战争在娱乐产品中频繁出现。[11]

我们关注市场推动力而不是各种阴谋论，这样做主要出于以下原因：第一，任何组织，无论是军方还是臆想中的媒体-工业-政府集团，想要控制或传递某种特定的意识形态信息都是极为困难的，而且没人能保证目标受众会接受它们。正如塔卡斯所言，各个电视频道及互联网等媒体机构之间对观众的争夺日趋激烈，这种竞争已经导致观众群体出现碎片化倾向。就此林恩·斯皮吉尔曾指出：碎片化的观众群体是无法简单地通过对爱国主义的描述而团结在一起的。[12]此外，虽然卡尔·罗夫为获取好莱坞对政府反恐战争的支持而采取了专门措施，但实际上，主要媒体机构对反恐战争给予支持并不是出于压力。其实很多媒体机构已经在围绕反恐战争制作娱乐产品，只要这些产品能恰当地推向市场，它们就会起到对反恐战争提供支持的效果——这其中就包括电影《黑鹰坠落》。在"9·11"袭击事件发生之前，这些媒体公司就已经制定出了借助反恐战争题材谋利的战略。"9·11"袭击事件的发生只是起到了文化助推器的作用，它使上述公司借助反恐题材谋利的战略得以加速实施，原因是"9·11"事件导致了文化领域的大变革，同时也开拓了新的娱乐产品市场。

为了弄清反恐战争开始后世界影视市场的转型情况，我们参考了1990年到2013年之间互联网电影数据库中影视作品的名称及简介等内容。为了从中找出符合研究需要的内容，我们选择了一系列与反恐战争和军事革命相关的词汇进行搜索，这些词汇中包括新型美国式战争所用的武器系统、军事政策文件及军方领导人讲话中对未来威胁的描述用语等。在这个过程中，我们一共确定了109个与反恐战争有关的词汇，我们将这些词汇列为"军事革命词汇"。通过搜索，我们找到了符合"军事革命词汇"特点的电视剧集。图3.1是1990年至2013年数据库中"军事革命词汇"的出现频次图。字符的大小代表着该词在军事革命相关电视剧集中出现频次的多少（参见图3.1）。

我们从数据库中选取了1990年至2013年间军事题材——尤其是与军事革命相关——的电视剧集的数量，制作出了表3.1。

从这张表的第1、2、3、5栏我们可以看到，这段时间各国制作的电视剧集总数为153 390集，其中在美国播放的电视剧集数量约为4万集。在所有上映的电视剧集当中，约有2万集（占总数的12.5%）内容与军事革命相关。而在美国境内上映的电视剧集中，约有7000集（占总数的17%）内容与军事革命相关。尽管从各年度数据看，军事题材的电视剧集占比普遍较高，但在美国，军事题材电视剧集的占比在2003年前后呈现出迅速上升的势头，2005年这一比值达到了近23%。在2003年至2013年的10年间，军事题材电视剧集平均占比为20.4%（参见图3.2）。

表3.1中最后三栏的数据显示：在美国国内，军事革命题材

图 3.1 电视剧集中出现军事革命词汇的频次（1990 年至 2013 年）

电视剧与其他题材电视剧相比增加的势头更为明显。不仅如此，美国国内军事革命题材电视剧的增幅也超过了其他国家的军事革命题材电视剧增幅。表格最后一栏的数据最有说服力。如果我们将其他国家军事革命题材电视剧集的占比设为 100，我们可以看到美国军事革命题材电视剧集的占比从 2003 年的约 114 增加到了 2013 年的 218，数值几近翻番。除此之外，在这 10 年间，约有 20.4%（从第 6 栏数据计算而来）的美国电视剧是以军事革命为题材。从这 10 年的数据我们可以看到，美国观众在这段时间接触了太多反恐战争和军事革命题材的节目。

表 3.2 和图 3.3 显示，在电影作品中，与战争尤其是军事革

表3.1　1990年至2013年电视剧集统计表

年份	1.全球电视剧集总数	2.美国电视剧集总数	3.军事革命题材电视剧集数	4.军事革命题材电视剧集占比	5.美国国内军事革命题材电视剧集总数	6.美国国内军事革命题材电视剧集占比	7.美国军事革命题材剧集比例与全球数据的对比	8.美国军事革命电视剧集占比与其他国家军事革命题材电视剧集的对比
1990	2450	897	262	10.70%	105	11.70%	109.46%	115.80%
1991	2497	887	224	9.00%	60	6.80%	75.40%	66.40%
1992	2589	939	278	10.70%	95	10.10%	94.22%	91.20%
1993	2863	1030	300	10.50%	118	11.50%	109.33%	115.40%
1994	3067	1075	355	11.60%	149	13.90%	119.75%	134.00%
1995	3052	1168	334	10.90%	146	12.50%	114.22%	125.30%
1996	3390	1352	386	11.40%	185	13.70%	120.17%	138.70%
1997	3768	1478	456	12.10%	216	14.60%	120.76%	139.40%
1998	3964	1562	425	10.70%	200	12.80%	119.42%	136.70%
1999	4254	1812	500	11.80%	262	14.50%	123.02%	148.40%
2000	4275	1622	550	12.90%	225	13.90%	107.82%	113.20%
2001	4478	1623	594	13.30%	220	13.60%	102.19%	103.50%
2002	4438	1734	664	15.00%	293	16.90%	112.94%	123.20%
2003	4881	1720	675	13.80%	258	15.00%	108.47%	113.70%
2004	5476	1820	764	14.00%	324	17.80%	127.60%	147.90%
2005	6239	1900	1055	16.90%	433	22.80%	134.77%	159.00%
2006	8293	2288	1133	13.70%	473	20.70%	151.32%	188.10%
2007	9037	2125	1233	13.60%	433	20.40%	149.34%	176.10%
2008	9699	1863	1319	13.60%	401	21.50%	158.28%	183.70%
2009	10907	2404	1446	13.30%	507	21.10%	159.08%	191.00%
2010	11987	2517	1465	12.20%	511	20.30%	166.12%	201.50%
2011	14355	2756	1613	11.20%	479	17.40%	154.68%	177.80%
2012	13477	2066	1502	11.10%	407	19.70%	176.76%	205.30%
2013	13954	1763	1619	11.60%	388	22.00%	189.68%	218.00%
合计	153390	40401	19152	12.50%	6888	17.00%	136.55%	157.10%

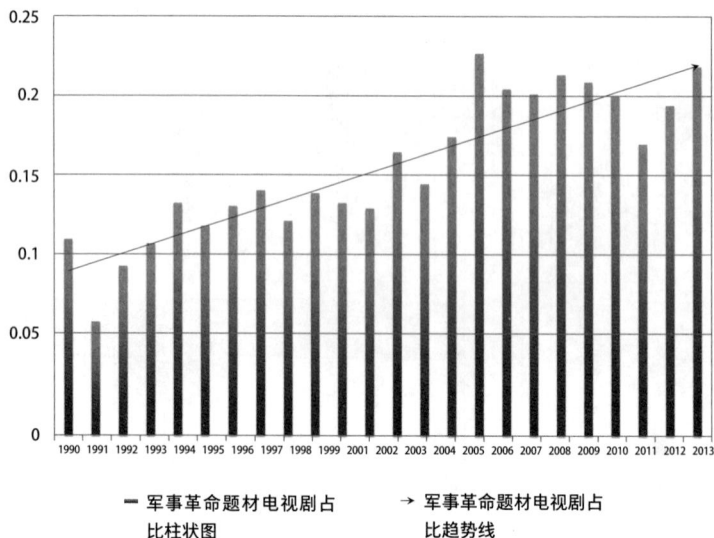

■ 军事革命题材电视剧占   → 军事革命题材电视剧占
比柱状图   比趋势线

图 3.2 1990 年至 2013 年期间美国国内与军事革命题材电视剧占比统计

命相关的题材同样占比较重。尽管美国军事革命题材的电影数量
在 2008 年后因经济危机及人们对反恐战争兴趣减退而有小幅下
滑，我们在研究中还是发现：1990 年至 2013 年之间美国发行的
近 8000 部电影中，约有 38% 的电影内容与军事革命有关。这
一趋势表现最为明显的时段就是 2001 年到 2008 年之间。同电
视领域情形类似，电影制作商也发现战争题材影片占据了主流消
费市场。

从统计数据中可以看到，反恐战争加速了打击恐怖主义相
关语境的形成，但这种情况同样是在"9·11"之前就已经存
在。当时与反恐相关的影视片主要选择后冷战时代的谍战作为题
材，其中一个例子就是 1997 年至 2001 年之间制作的《女囚妮基

图 3.3　电影中出现军事革命词汇的频次（1990 年至 2013 年）

塔》。除此之外，部分在"9·11"之前即已开始拍摄的影视片在
"9·11"发生之后也迅速上映，这其中就包括《情报局》（2001
年至 2003 年播出）、《双面女间谍》（2001 年至 2006 年播出）和
《24 小时》（2001 年至 2010 年播出）等。英国广播公司则与美国
合作拍摄了《军情 5 处》（英国国内名称为《特工》），这部电视
剧在情节和风格上都模仿了《24 小时》。《军情 5 处》于 2002 年
首播，播出后收视率一直居高不下，以致该剧前后拍摄了十季之

表3.2 1990年至2013年间美国上映的电影数据（数据来源: IMDb.com）

年份	电影总发行量	军事革命题材电影数量	军事革命题材电影占比
1990	171	76	44.44%
1991	189	77	40.74%
1992	175	74	42.29%
1993	195	91	46.67%
1994	206	81	39.32%
1995	250	106	42.40%
1996	264	100	37.88%
1997	275	102	37.09%
1998	276	109	39.49%
1999	298	107	35.91%
2000	328	113	34.45%
2001	295	126	42.71%
2002	313	135	43.13%
2003	313	125	39.94%
2004	348	145	41.67%
2005	339	138	40.71%
2006	442	184	41.63%
2007	473	198	41.86%
2008	468	179	38.25%
2009	431	156	39.16%
2010	428	154	35.98%
2011	458	143	31.22%
2012	460	139	30.22%
2013	485	129	26.60%
合计	7880	2987	37.91%

多。反恐战争初始阶段，即以谍战的形式反映打击恐怖主义内容的其他影视作品还包括:《反恐特勤组》（2003年至2004年播出）、《反恐行动》（2004年播出）、《国土安全》（2004年播出）和《危机四伏》（2005年至2006年播出）等。

《24 小时》

《24 小时》是这些影视片中最为知名的作品之一，也成了反恐战争中一个有影响力的文化符号。该片反映了军事革命理论家对未来的很多预测，并且认为：恐怖主义的威胁无处不在，军事革命技术是解决恐怖主义威胁的有效工具。军事革命的倡导者们（包括史蒂芬·梅茨、詹姆斯·基维特、罗伯特·卡甘、加里·斯密特和托马斯·唐纳利等，均为新保守主义智库"新美国世纪计划"的参与者）早就预言美国面临的威胁形式将会发生变化。这些人和时任国防部长拉姆斯菲尔德都强调：未来的战争对手不会是与美国有着同等军事实力的超级大国，而是一些隐匿、狡猾的恐怖组织。他们还预言：这些从贩毒和贩卖人口中获利的恐怖组织将会利用迅速发展的科学技术，掌握武器和其他工具，破坏道路、电力或油气管道等基础设施。随着核设施建设开始在动荡地区逐步推进，加之邪恶势力可以很方便地借助互联网招募掌握高科技或生物技术的人员，未来我们可能面临的威胁还包括由狂热分子、极端爱国人士、罪犯甚至是"独狼"实施的自杀式炸弹或生化武器袭击。面对这种特殊情况，我们需要拥有经过特殊训练、规模小而行动灵活的新型力量，这些新型力量应该拥有高技术侦察装备和网络作战技能，具备识别、渗透和消灭恐怖组织的身体素质和技术水平。

显而易见，应对上述威胁需要《24 小时》中杰克·鲍尔式的英雄，在影片中，杰克·鲍尔担任虚构的"洛杉矶反恐局"行动指挥官。该剧首播时间为 2001 年 11 月，也就是说在"9·11"事件过去仅两个月该剧即与观众见面。从该剧第一季的简介中，我们就可以看到《24 小时》是如何阐述军事革命的倡导者们所提出的国土安全问题的。在该剧的开头，杰克·鲍尔和反恐局受命阻止对参议员大卫·派尔默的暗杀阴谋，当时派尔默正在加州参加总统选举的初选。暗杀阴谋的主要策划人是塞尔维亚军阀维克多·特雷森，此人曾是米洛舍维奇的得力助手（在后续故事中，"圣战"恐怖分子将成为反恐局的主要敌人。第一季的故事是在"9·11"事件发生前写成的）。两年前，派尔默曾在参议院专门委员会上批准猎杀特雷森及其妻子和女儿，而执行这一秘密军事行动的正是时任三角洲特种部队成员的鲍尔。特雷森在猎杀行动中幸存下来，他拉拢了一批雇佣军并开始针对鲍尔和派尔默实施复仇行动。这些人的暗杀目标包括鲍尔、派尔默以及鲍尔的妻子和女儿。其后的剧情包括极端分子试图炸毁一架波音 747 客机，但在"9·11"事件发生后，这一情节被删除。第一季中其他有代表性的情节还包括反恐局内部卧底背信弃义的行为、政府其他机构工作人员与恐怖组织或相关机构合作以影响反恐局工作等。

《24 小时》没有通过连贯的叙事来推动故事情节（这样做可能引发人们对恐怖主义问题的热议），而是选择了一系列创新的叙事手法，以在观众当中引发特定的情感反应，那就是对紧张、焦虑的心情和狂热、快节奏行为的体验。在《24 小时》上映前，该剧所使用的"实时"模式就受到了新闻媒体的追捧：剧中每一个情节所描述的问题——阻止极端分子暗杀总统、避免发生核爆炸、防止神经毒剂泄漏造成大量人员伤亡——都将在一天之内解决，每集一个小时的时长对等代表着事件发生过程中一个小时的时长。尽管影视作品中经常出现争分夺秒的情节，但在《24 小时》中，这种争分夺秒的感觉是呈现在观众眼前的。剧中每一

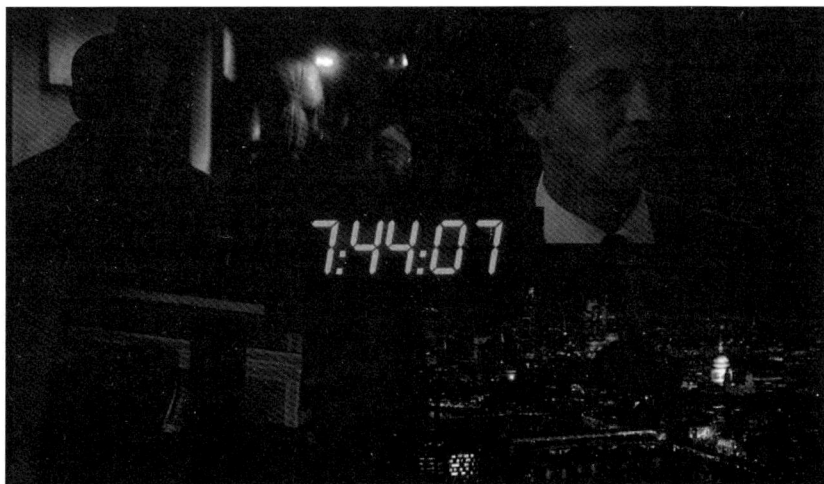

图 3.4 在《24 小时：再活一天》当中，恐怖分子正在实施其阴谋，屏幕上同时显示着多条故事主线

幕结束时都会显示滴答作响的数字时钟，告诉观众时间正在流逝——这种表现手法也成为了该剧的一张"名片"。该剧采用了多主线平行叙事的手法，每一集的叙事都按"实时"模式展开。为了增强观众对"实时"的体验，剧中插播广告前都会采用分屏显示的手法，每条主线都会使用单独的一块屏幕显示，每块屏幕间就像开展一场比赛一般，把观众的注意力完全吸引到电视荧屏之上（参见图 3.4）。当节目在广告之后恢复播出时，屏幕上的数字时钟会显示广告所占用的时间，以暗示在广告播出期间，数字时钟和故事的剧情都没有停止。这方面饱受争议的一个例子就是：在第一季某集的广告时段，鲍尔的妻子被不法分子玷污。

正如杰奎琳·弗比所言，《24 小时》中对时间的巧妙构思与独特的情节安排共同作用，给观众带来了一种时不我待的紧迫感。"该剧使用了快速发展的剧情、多主线表现手法和信息量丰富的情节，把所有内容压缩进一个小时的节目当中。故事情节曲折复杂、层次多样，观众在观看时几乎没有喘息之机，精神上一直保持着高度紧张的状态。"[13] 该剧采用了史蒂文·沙维罗所描绘的"后电影时代美学"的表现手法——如我们在前文中论述的那样，这种表现手法在战争类电子游戏中也被大量运用。剧中还运用了信息量丰富的情节设计和镜头快速切换的拍摄技法，以加强剧情带给人的紧迫感。[14] 根据弗比的研究，《24 小时》中每一幕的持续时间平均仅有 2 分钟，大大加快了该剧的叙事节奏。剧中还采用了多情节主线交织的手法，这就要求观众必须填补不同主线之间的信息缺失。此外，这种手法同样能够加剧观众的紧迫感和焦虑感，要求观众必须全神贯注于剧情当中。同我们在前文当中介绍的互动式电子游戏一样，《24 小时》也能使观众深陷于剧情而无法自拔。

虽然制作方采取上述手法的目的只是为了使该剧独具特色，但事实最终证明，这些手法既给该剧带来了赞誉，也给其带来了骂名。《24 小时》受到的最为激烈的批评之一就是"对反恐战争的负面描绘"。在其前 5 季当中，涉及虐待的场景就有 67 处，这一数字超过了以往任何一部电视剧。[15] 在这部电视剧当中，鲍尔和其他反恐局工作人员使用的极端刑讯手段包括用药、电击、水刑甚至杀戮。

从下面几个例子中我们就能够看到《24 小时》的剧情中充斥着暴力、粗俗和虐待行为。该剧第 2 季的开篇就是对极端组织"第二潮流"成员、国际恐怖分子贾森·帕克刑讯逼供的场景。在经受虐待后，帕克透露"第二潮流"计划于未来 24 小时内在洛杉矶引爆核弹。得知这一消息，时任总统派尔默劝说鲍尔秉承忠诚和爱国主义精神，重返工作岗位并阻止恐怖分子的阴谋（当时鲍尔因妻子去世而选择离职隐居）。鲍尔选择重新参与到反恐局的行动当中，但他的行为带着强烈暴力色彩。他利用前期发展的武装分子内部人员作为眼线，成功渗透到企图袭击反恐局的极端组织当中。为了打消极端分子对他的怀疑，鲍尔决定杀掉曾目睹极端分子暴行并准备在法庭作证的受保护证人马歇尔·格伦。鲍尔先是要求格伦前往反恐局接受审讯，在审讯开始时，鲍尔突然向格伦开枪将其杀害。随后，鲍尔用钢锯锯下了格伦的头颅并将其交给了恐怖分子，以显示自己的忠诚。这一行为使鲍尔成功地打入恐怖分子内部，这一季的剧情由此而展开。

对该剧持批评态度的人士宣称：福克斯电视台与布什政府串通一气，向布什政府的战争行为和压制民众自由的举动提供支持：包括于 2001 年颁布《美国爱国者法案》、对国内民众实施监控、非常规引渡、拘押和刑讯逼供、设立关塔那摩监狱、阻止对政府行为进行司法审查等。[16] 对此，《纽约人》杂志记者简·迈耶曾指出：《24 小时》中使用的审讯方式与关塔那摩和阿布格莱布监狱中使用的审讯方式如出一辙，而且鲍尔在工作中无视公民自由权利的做法也能在现实世界找到参照物。[17] 但是，该剧制作团队并不全是由支持布什政府政策的人员组成。实际情况是，该剧的联合制片人乔尔·苏诺是布什政府的支持者，而且也与多位知名保守派人士（如拉什·林堡等）交往甚密。但在全剧的 14 位编剧和制作人当中，仅有 2 人声称自己是保守派人士。[18] 此外，该剧另一位联合制片人罗伯特·科克伦·科契兰则认为：只有在少数特定的情况下，虐待行为才是合乎道义的。[19]《24 小时》首席编剧、早期剧集中多数虐待场景的撰稿人霍华德·高登则自称是一位温和派自由主义者，他对现实世界中使用酷刑也是持模棱两可的态度。这样看来，该剧的创作团队其实是由持多种政治观点的人员组成。《24小时》的主创人员远没有形成统一的政治观点，更不用说共同致力于推广某一党派的立场，他们所做的一切只是为了让剧情更加扣人心弦。正如霍华德·高登所言："我们并不想让这部作品成为现实世界的代表，这部作品特殊的表现手法也使其很难达到这个目的，我们想要做的就是向观众展现一段故事或是讲述一个问题。因此当杰克·鲍尔实施虐待行为时，我们使用的是'压缩现实'的表现手法……我们想要把此类事件凝练起来，以戏剧化的、非现实的方式加以表现，希望能够对观众有所触动——这就是我们的终极目标：制作一部扣人心弦、激动人心的电视作品。"[20]"9·11"事件发生后，美国公众因频繁收到国土安全警示而对恐袭活动如惊弓之鸟。在这种情况下，《24小时》的拍摄目标就是"在民众充满恐惧的内心塑造一个'鲍尔式的保护者'角色，这位保护者愿意采取任何必要措施以保证社会不受非法侵害。"[21]《24小时》的制作团队实际上是在编写一个拯救世界的故事，这个故事必须在一天之内结束。对这个制作团队言，描绘酷刑是剧情快速发展的需要，而不是出于政治目的。因为在《24小时》中，屏幕上滴答作响的数字时钟才是决定一切的因素。剧中的主要角色偶尔也会质疑刑讯逼供的做法和践踏公民权利的行为，但这种质疑很快就被"没有足够的时间采取其他措施"冲淡：如果你需要在24小时内从恐怖分子口中得到情报来避免灾难的发生，你又能采用什么办法呢？在时间极度紧迫的情况下，你只能采取极端措施（参见图3.5）。

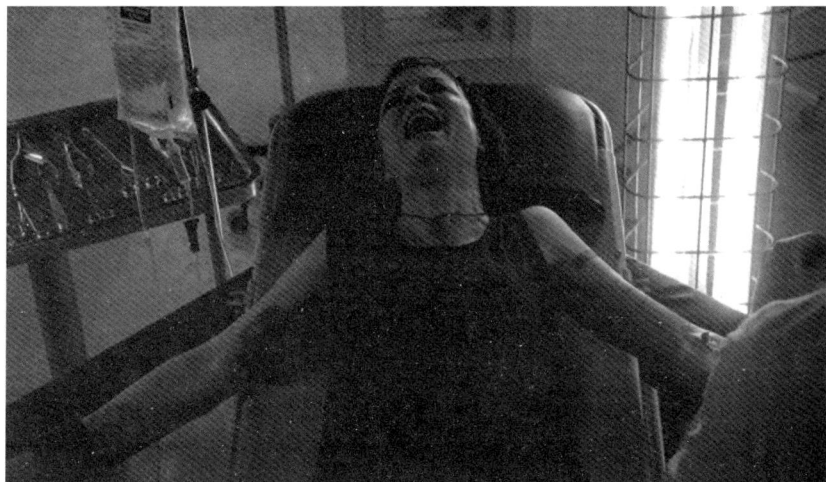

图 3.5 在《24 小时：再活一天》中，乔埃尔·奥不莱恩（克洛伊）在位于伦敦的一处中央情报局秘密据点遭受酷刑

《24 小时》的制作团队可能只是想制造娱乐效果，但对极端暴力的描绘却引发了另一种效果：由于极端暴力行为在各类媒体中频繁出现，人们对现实世界中的极端暴力行为也开始见怪不怪。虚幻世界中的行为成了人们在现实世界反恐战争中学习的榜样。尽管有人对审讯过程中过度使用暴力提出抗议，诸多专业人士也对使用酷刑获取情报提出了质疑，但很多犯罪片和间谍－科幻片中还是经常上演严刑逼供的情景。在《24 小时》这部电视剧中，对恐怖分子施以酷刑并不是总能获得有用的情报，但酷刑还是成为该剧几乎每一集的"保留曲目"。克里斯蒂安·威廉·艾里克森曾经介绍过 2006 年召开的一场有关此事的会议的情况，此次会议的与会者包括来自军方、情报机构和执法机构的专业审讯人员以及《24 小时》主演基弗·萨瑟兰和制片人等。这些专业

审讯人员提出:《24 小时》把酷刑当作反恐战争中审讯的必要措施,这种做法已经对当前及即将就职的审讯人员的世界观产生了负面影响。他们还要求该剧的制作团队剪掉剧情中刑讯逼供的片段,但这一建议未收到任何回音。[22] 如艾里克森所言:虚拟世界中的场景逐步出现在现实世界中,受此影响的不光是上述专业人员,还包括负责制定反恐战争政策的重要决策层人士。

举例而言,在 2007 年 6 月于加拿大渥太华举行的一次国际司法问题会议上,美国最高法院法官安东宁·斯卡利亚曾引用《24 小时》第 2 季当中"鲍尔使用虐待手段来阻止恐怖分子实施核袭击"的情节来证明自己的观点:国际反恐战争中使用的审讯方式是必要的也是可以允许的。在回应刑讯逼供是否存在道德问题时,斯卡利亚回答道:杰克·鲍尔拯救了洛杉矶……他挽救了成千上万人的生命……你是想说杰克·鲍尔有罪么?你是想说他犯法了?你能替陪审团做决么?有陪审团会说鲍尔有罪?我不这么认为。所以这个问题的实质是"我们是不是相信有绝对的东西"和"我们该不该相信有绝对的东西"。[23]《24 小时》舍弃了对思想的表达,代之以刺激的场景创造出的情感效果。该剧用具体形象的手段来解决虚构出的问题,其目的既不是宣扬道德理念,也不是想为解决问题提供切实的方法,而只是想借此吸引更多观众。尽管《24 小时》的制片人及基弗·萨瑟兰都迅速澄清,称"酷刑只是一种戏剧化的表现手法",希望能够将相关的影响控制在影视作品的范围之内,但由于该剧的剧情富有现实感和可参照性,其造成的影响还是扩展到了政策范围内。

《24 小时》中还描写了很多先进技术。同对"酷刑"的描写一样,对"先进技术"的描绘同样是为了符合"实时"的要求，并制造出激动人心的效果。反恐局使用的一个重要工作手段就是可以接触各类监控系统和全球定位系统，这使特工们可以在整个洛杉矶追踪车辆和人员。反恐局还拥有高技术工作人员，如第 3 季中出现的乔埃尔·奥布莱恩（克洛伊）等，这些人可以黑进各类电脑和智能手机系统，获取各种敏感情报、建立安全连接并把数据发回至鲍尔的掌上电脑。在第二季中，鲍尔渗透到恐怖分子当中的一个重要情节就是反恐局技术和分析人员杰米·法雷尔（乔埃尔在第 1、2 季中的前任）黑进了加州监狱管理系统，为鲍尔制作了一份假档案，以此帮助鲍尔渗透到恐怖组织当中。剧中，鲍尔的掌上电脑（早期使用奔迈的“领航者”，后期使用摩托罗拉 i880）简直无所不能，它能快速上传和接收建筑物结构图、地图等复杂的大型文件数据，也能在地下室负三层保证信号畅通。鲍尔还配备有耳塞式无线电收发器，使其可以方便地与反恐局联系。鲍尔的主要联络对象就是乔埃尔，在乔埃尔的指引下，鲍尔就像是电子游戏当中的角色，可以在敌人严密的卫星监控下穿越走廊、进入建筑而不被发现（参见图 3.6）。在第 3 季的一集当中，恐怖分子试图在机场的货仓中抓住鲍尔。鲍尔则呼叫热成像卫星对现场进行拍照，以掌握袭击者的数量和位置等信息。剧中，鲍尔只用了 8 分钟就让在地球同步轨道上运行的卫星定位到新的位置，这种近乎神奇的科学技术不光内行人不信，连外行人都可能会提出质疑。在第 3 季和第 4 季当中，重新定位成像卫星是一种重要的监视手段，对鲍尔的行动起到了重要辅助作用。在这部作品中，鲍尔主要使用枪支、刀具和其他特种部队技战术来击败对手，但是如果没有反恐局计算机和监视系统的帮助（包括打开门窗、提供伪装和掩护其行动等），鲍尔的很多英雄壮

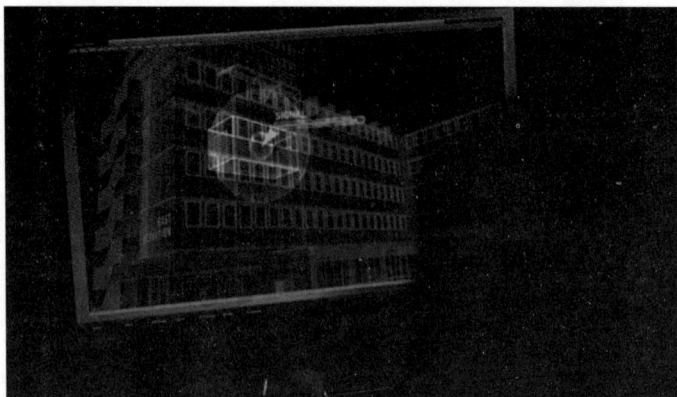

图 3.6　在《24 小时：再活一天》当中，乔埃尔·奥布莱恩借助穿墙透视技术引导鲍尔找到恐怖分子

举都无法完成——至少无法在短时间内完成。就像大家在谈论军事革命时经常会说到的那样，信息技术在这个过程中发挥着"力量倍增器"的作用。

同对酷刑的描写一样，《24 小时》中对科技的描写也影响了人们的认识。该剧对先进监视技术的描写使其被归入了间谍－科幻剧的类别。对安全机构而言，科学技术对行动的展开非常重要，而且安全机构一直声称他们掌控科学技术的能力远远强于潜在对手。现实世界中对科学技术的重视也被写进了影视作品里，与此同时，影视作品中的虚拟世界与现实世界也在相互影响，其中一个表现就是虚拟世界中对科学技术的描绘在文化层面影响着现实世界中科学技术的应用。在 2001 年，我们使用的是普通手机，这就难免让我们对鲍尔和反恐局用于打击恐怖分子的装备产生怀疑。但是到了 2014 年，类似的高科技掌上设备已经非常普遍，甚至剧中的一些设备与现实世界中的智能手机相比已然落伍。《24 小时》的神奇之处就是将科研机构（如国防高级研究计划局等）在研的技术运用到影片当中，就像此类技术在现实世界已经相当成熟一样。这样一来，虚拟世界中的技术似乎就成了现实世界中技术的预演，它就像现实世界的预言家一般，昭示着现实世界的未来发展。

观众偶尔也会对《24 小时》中描绘的科学技术与现实世界中科学技术的关系产生怀疑。在传统基金会于 2006 年组织的一次关于《24 小时》的研讨会上，时任国土安全部长迈克尔·切尔托夫在面对以下问题时选择了回避，这个问题就是：国土安全部是否拥有能够穿透建筑物并定位恐怖分子的卫星技术。[24] 切尔托夫当时只是表示：执法机构和军方目前使用的红外及雷达设备具备穿墙功能，但他不知道是否存在具备这种功能的成像卫星。与这个表态相比，乔尔·苏诺对《24 小时》与现实世界关系的描述显得更为明确："有趣的是，从表面上看，《24 小时》并不真实。我的意思是，剧中的技术和装备与现实世界存在差距，剧情的发展也让人觉得不可思议。剧中一个小时发生的事件比人一生经历的还多。所以说《24 小时》的真实之处到底在哪？我们认为，这部电视剧的真实之处主要表现在精神和情感层面……在我看来，这正是一个故事应该带给人们的东西。我不会关心一颗卫星是否能在 8 分钟内重新部署到另一个位置，我关心的是情感和精神层面的斗争和冲突，这是剧中的每个角色都要经历的，对杰克·鲍尔而言尤其如此。"[25] 尽管观众知道《24 小时》中的技术和手段是虚构的，荧屏上特工们黑入电脑系统、在电脑键盘上运指如飞、上传进度条不断前移、特工们迅速得到他们想要的电路图和卫星图片、黑进对手的闭路电视系统来获取情报、令人热血沸腾地追踪恐怖分子，所有这些画面都影响着我们对现实世界中执法机构能力的认识。连中央情报局也对《24小时》营造的超越影视作品范畴的情感体验表示认可——2006年，中央情报局制作了一部类似的人员招募视频。这部在电影放映前播放的广告式的视频模仿了《24小时》当中的美学表现手法，其中包括快速镜头切换、分屏显示等，视频中还展示了中央情报局满是高技术装备的行动中心，以吸引有兴趣的应征者加入改变世界的队伍，开始充满冒险的生活。[26] 除中央情报局之外，其他秘密机构也拍摄了类似的广告视频用于人员招募。

通过另外一个例子我们就能看出这种文本层面的互通性是如何影响了观众对现实世界的认识的。在《24小时》中，几乎每集都会有技术人员黑入电脑系统，或解锁加密文件，以给鲍尔提供信息支持的镜头。在第4季当中，乔埃尔需要从恐怖分子的便携式电脑中提取文档，并在几秒钟内使用反恐局的专用算法来解密这些使用"Blowfish算法"加密的文件。"Blowfish算法"是20世纪90年代初由安全专家布鲁斯·施奈尔研发成功的。外界普遍认为该算法是一种安全性强、能够有效抵御暴力破解的加密算法（但目前该算法已稍显过时）。[27] 反恐局特工能够轻易破解"Blowfish算法"的场景在本就草木皆兵的网络安全领域迅速引起了反响。施奈尔本人首先在博客上表示，《24小时》中提到了"Blowfish算法"，他不知道该感到欣慰还是沮丧。但也有安全专家跟帖表示：《24小时》和其他影视作品中"轻易破解'Blowfish算法'"的场景简直是无稽之谈。也有多位评论人士指出：他们很喜欢看《24小时》，但剧中对电脑技术的描述常常让他们觉得好笑。尽管遭到了专业人士的批评，轻易破解加密系统的场景在

《24 小时》中还是反复出现。直至目前，这种场景在类似《24 小时》的犯罪片中还是能经常看到。

4 年之后，在《24 小时》的第 7 季（2009 年）当中，剧情里再次出现了"Blowfish 算法"。这次剧中提到"Blowfish 算法"的作者在程序中添加了后门，以供执法机构使用。施奈尔随即在博客上就此表示："在开源且可修改的算法中添加后门"的表述纯属胡扯。但在跟帖当中，也有部分人相信"Blowfish 算法"的安全性因留有后门而受到了影响。两年之后，一位网民的跟帖让此事风波再起。这位名叫"理查德"的人自称有数十年的软件测试工作经历。他留言称：不幸的是，影视作品中虚构的"后门"在现实世界中可能真的存在。施奈尔本人发布的最为广泛使用的"Blowfish 算法"代码确实可能在几秒钟内被破解，原因是在其执行过程中会出现偶发性的程序缺陷。当程序缺陷出现时，这种加密算法就可通过很多密钥进行破解（甚至在家用计算机上就可以用几秒钟或几分钟完成破解）。理查德解释了这种程序缺陷产生的原因，并且总结称：这种程序缺陷的存在可能就是"'Blowfish 算法'留有后门"这一谣言产生的根源。而这个谣言在《24 小时》的编剧们撰写出相关剧情前就已经流传了很久[28]。在后来发生的"斯诺登事件"中，被安全机构列为绝密的"奔牛"计划进入人们视野。根据该计划，当局每年投入 2.55 亿美元给加密软件植入后门，这令人们对信息安全产生了更多怀疑。施奈尔则表示：影视编剧在作品中选择"Blowfish 算法"可能只是因为这种算法的名字更有辨识度。毕竟"Blowfish"比"Rijndael"或"AES"听起来都更像一个暗号。[29]

在《24 小时》的后续情节中，"网络攻击"从执法机构的常用手段变成了恐怖分子的力量倍增器。在 2014 年拍摄的该剧续集《24 小时：再活一天》中，恐怖分子在伦敦的一个分支机构劫持了多架美国无人机，并策划用其对美国总统实施暗杀行动。恐怖分子成功地通过网络攻击获取了一名美国无人机飞行员的许可指令密钥，并通过上传代码对系统进行改写，从而成功地控制了这位飞行员操纵的无人机。通过上述方式，恐怖分子最终将其控制的无人机数量增加到了十架。为了从数百万行代码中找到恐怖分子改写的代码，鲍尔找到乔埃尔寻求帮助。此时乔埃尔已经成为总部设在伦敦的黑客组织"开放机构"（类似黑客组织"匿名者"和"维基解密"的混合体）的成员。乔埃尔说服该机构的黑客们提供帮助，从海量代码中找出被恐怖分子修改的部分。最终该机构的黑客成功地完成了任务（参见图 3.7）。

　　《24 小时》的编剧一直都在试图让剧情更加贴近现实。如同剧中对先进技术（如智能手机等）的表现一样，在该剧的最初几季中，对网络攻击的表现也非常科幻化。但是到了 2014 年之后，剧中出现了与"维基解密"类似的组织"开放机构"，开始描写与国家安全局真实行动类似的活动，并且引用"Blowfish 算法"等现实世界中的计算机加密算法。这些做法都增加了剧中网络攻击活动的真实感，也传达着"网络攻击是反恐行动的基本手段"这一信息。网络攻击行为开始在涉及安全题材的影视作品中频繁出现，这些作品包括《24 小时》《军情 5 处》《丑闻》《纸牌屋》等，影视作品中对网络攻击的描绘也令人们对这种行为产生根深蒂固的印象。

　　在将近 10 年的时间中，《24 小时》和《军情 5 处》一直在电视荧屏上高强度地向人们展示着反恐战争，这深深影响着政界人士、

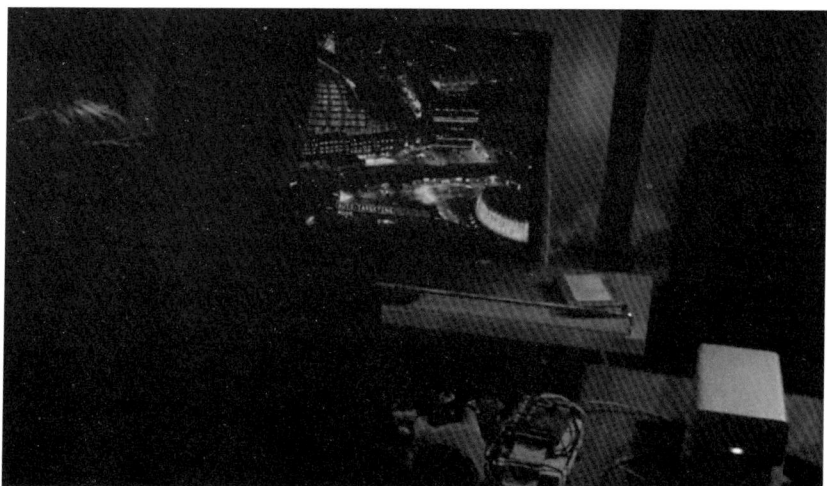

图 3.7　鲍尔从恐怖分子手中夺过了无人机操纵杆，在最后时刻避免了伦敦滑铁卢车站遭遇袭击

司法界人士和民意领袖们对国土安全机构和情报机构功能的认识和把握。这个过程中最重要的就是对通信技术、侦察技术和特种作战技法的展示。在人们的认识中，先进技术和战法开始成为打击恐怖主义、阻止其向美国本土渗透的必备手段。军事革命技术成为影视剧中打击"虚拟恐怖威胁"的主要工具，与此同时，这些技术也不可避免地成为解决现实社会问题的主要选择。技术层面的便利性和实用性为其打开了方便之门，而其践踏公众自由权利、扩大政府权力范围等负面影响却被人忽视了。

《勇者行动》

如果让我们挑选一部完美反映五角大楼眼中"新型美国式战

争"的电影，我们会毫不犹豫地选择《勇者行动》。《勇者行动》于 2012 年 2 月上映，在好莱坞电影史当中，这部电影可以说是独一无二的：其主演是一群现役的美国海军海豹突击队员。影片的制作源于 2008 年美国海军特种作战司令部的一次邀约。当时，海军特种作战司令部与多家制片公司联系，希望能够制作一部反映海豹突击队的纪录片，以此来纪念牺牲的突击队员。海军还希望借这部影片来招募人员，同时扭转人们对海豹突击队"喜欢独狼式行动而不愿进行团队合作"的错误认识（这种错误认识也是一些电影和电子游戏导致的）。海军允许电影制作方接触海豹突击队的人员和军事设施，但表示不会为影片提供直接的资金支持。班迪托兄弟电影公司（Bandito Brothers）最终拿到了制片合同。班迪托兄弟公司由前越野赛冠军、替身演员迈克·麦克罗伊和替身经纪公司负责人斯科特·沃夫（此人曾于 2014 年执导影片《极品飞车》）共同创立。此前，班迪托兄弟公司主要负责为宝马及激浪（汽水饮料）拍摄广告。该公司还曾为海军特种作战司令部拍摄过几部成功的商业广告。麦克罗伊和沃夫都曾在好莱坞以特技演员的身份闯荡多年，他们曾与史蒂文·斯皮尔伯格、迈克尔·曼、迈克尔·贝等大导演合作。[30] 在签署合同并与部分海豹突击队员会面之后，麦克罗伊和沃夫成功说服海军特种作战招募处处长邓肯·史密斯上校对摄制计划进行调整，将这部影片的性质从纪录改为一部完整的电影，内容就是介绍海军海豹突击队的真实行动情况。

在讲述电影的拍摄目的时，麦克罗伊和沃夫解释道：他们希望创作一部贴近现实的作品，电影将以表现海豹突击队成员之间的兄弟情谊、描绘队员的牺牲精神为核心。电影将给观众带来浸入式的体验，令其感受到海豹突击队员作为"沉默的勇士"所具备的爱国主义和英雄主义精神以及非凡的勇气。电影还将向观众呈现突击队员为队友、家人以及国家做出的牺牲。[31] 为了编写剧本，制片方专门与美国特种作战司令部成员进行磋商，了解美国在当今世界所面临威胁的情况，并基于海豹突击队近期在战场上应对威胁的行动编写了五个故事。在就该影片召开的一次新闻发布会上，特种作战司令部司令、前海豹突击队员威廉·麦克雷文上将表示：我们认为，该片准确地再现了过去 10 年中海豹突击队所采取的几次英勇的行动。[32] 在影片的拍摄过程中，麦克罗伊和沃夫将拍摄工作与海军计划开展的训练活动紧密结合，出演该片的突击队员也参与到了影片的情节设计之中。上述工作使得该片成了一部扣人心弦、紧张刺激的佳作。影片主要描写海豹突击队在反恐战争中所扮演的角色，同时反映出了五角大楼对未来威胁的认识。为了取得最佳观赏效果，这部影片几乎展示了海军反恐秘密行动中使用过的所有高科技装备。

《勇者行动》的主要情节是海豹突击队一支 8 人小分队拯救丽莎·莫拉雷斯的故事。莫拉雷斯是中情局在哥斯达黎加的一名特工，她掌握了国际大毒枭米哈依·克里斯托·特洛科维奇准备将自杀式袭击者从墨西哥边境偷渡到美国的信息。特洛科维奇的手下绑架了莫拉雷斯，并将其关押在一处丛林营地中，对其施以酷刑折磨。海豹突击队第 7 小队受命，派遣人员从其位于加州科罗拉多的基地前往营救莫拉雷斯。

影片中，营救小分队使用了多种高科技监视设备——包括用于识别和追踪敌人的小型无人机等，并运用了海豹突击队典型的战术战法，最终成功消灭了看守人员，营救了莫拉雷斯。恐怖分子随后开始追击，但在此之前，营救小分队人员从一名守卫身上找到了一部手机，这部手机可以接入恐怖组织网络，使营救人员掌握更多有关恐怖分子袭击活动的细节情况。所获的情报证实：克里斯托和其同学以及车臣恐怖分子阿卜·阿尔·沙巴尔开展合作。沙巴尔的目标是：借助克里斯托及其团伙的联系人和走私网络，将"圣战"分子偷偷送入美国境内。这一情节设定使得制片方可以将海豹突击队在南美、非洲甚至在美国国内开展的行动融入影片之中，以此来展现反恐战争具有"世界性"（参见图 3.8，图 3.9）。

除叙事显得不够丰满之外，《勇者行动》集中展现了高强度秘密行动以及节奏紧张的作战场景。整部影片在拍摄过程中均使用实枪实弹，此外影片也采用了"后电影"中快动作、快速剪接等表现手法。该片用来创造浸入式体验的"法宝"就是多部灵活的轻型 5D 数字摄像机。这些数字摄像机是佳能公司在摄制组筹划拍摄该片时提供的。在这些轻型摄像机的帮助下，摄影师能够不受传统电影拍摄技法的束缚，拍摄出高质量的电影画面（参见图 3.10，图 3.11）。[33]

除了使用能够引起观众情感共鸣的拍摄技法外，这部影片的叙事被精简到了最低程度，叙事的目的仅用于表现突击队员之间的同志关系和兄弟情谊，以及他们对战友、家庭和国家的奉献精神。剧中对角色发展着墨不多，甚至根本不予展现。事实上，除了海豹突击队员之外，剧中的其他"主要角色"就是各种高新技术及武器装备。这些帮助突击队员完成任务的装备包括：将突击队员运送到哥斯达黎加以实施秘密伞降行动的 C-130 运输机、用于运送特战小艇和大口径武器（使特战队员掌握对敌火力优势）的支奴干直升机、负责收集莫拉雷斯被关押地点的敌人的声音和

图 3.8　在《勇者行动》中，海豹突击队在特战小艇上放飞"渡鸦"无人机

图 3.9　在《勇者行动》中，"渡鸦"无人机自动瞄准恐怖分子的场景

图 3.10 斯科特·沃夫使用佳能公司的 5D 摄像机拍摄第一人称视角镜头

图 3.11 在《勇者行动》中，演员们佩戴的头盔式摄像机能够拍摄出第一人称视角的镜头

图 3.12 在《勇者行动》中，海豹突击队员在恐怖分子营地中的第一人称视角画面

红外图像情报的"死神"无人机、实施渗透行动前施放的用于追踪和报告敌位置的手持式无人机、携有海豹突击队水下运送器的核潜艇等（参见图 3.12）。

与军事－娱乐复合体的其他产品一样，《勇者行动》没有为其故事情节提供任何历史、政治和社会背景信息。事实上，电影剧本发挥的功能类似于电子游戏中的叙事，其作用是向玩家简要介绍其要完成的任务，玩家不大可能从叙事中了解到完成任务过程中将遇到的各类情况。这部电影还有其他与电子游戏类似的地方：电影的画面总会让人想起《使命召唤》中的类似场景。《勇者行动》的摄影导演肖恩·哈尔布特曾经表示：自己想在电影中表现的拍摄风格与第一人称射击类游戏类似。"通过使用足够多的'游戏玩家视角'，我们希望观众能借助一名海豹突击队员的眼睛看到交火的真实场景。"《勇者行动》的摄制团队设计了一种头盔式 5D 摄像机，这种摄像机带有无线视频传输和自动对焦功能，目的就是带给观众"第一人称视角"的体验。[34] 在很多交火场景中，电影画面都是以第一人称视角拍摄，电影镜头中展现的是夜视仪或瞄准器中的画面，如同电子游戏一般。《勇者行动》中对第一人称视角的运用拓展了游戏表现手法的使用空间。此外，为了带给观众"浸入式"体验，这部电影不光在视角上寻求"第一人称"，而且也从主观感受上强调"第一人称"效果：在电影的高潮阶段，当一名海豹突击队员受重伤时，电影的画面会变成红色并逐渐模糊，而这正是《使命召唤》中玩家受伤时的画面效果（图 3.13—3.15）。

《钢铁侠》

尽管《勇者行动》充分体现了新美国式战争以及战友情谊、牺牲精神和爱国主义等军事价值观，但这部电影并未获得像军事－娱乐复合体的超级英雄电影（如 2007 年上映的《变形金刚》和 2008 年上映的《钢铁侠》等）那样的大片地位。它们上映时正值超级英雄大片的全盛时期，这些大片包括：《蜘蛛侠 3》（2007 年上映，票房排名第 1）、《变形金刚》（2007 年上映，票房排名第 3）、《蝙蝠侠：黑暗骑士》（2008 年上映，票房排名第 1）、《钢铁侠》（2008 年上映，票房排名第 2）、《无敌浩克》（2008 年上映，票房排名第 17）等。上述大片上映的时间恰逢美国民众对国家深怀不满之时，很多民众认为美国的世界地位正在不断下滑。伊拉克战事的发展与美国的预期大相径庭，美国在阿富汗的军事行动也是久拖不决。皮尤研究中心在 2007 年 2 月进行的民意调查显示，超过三分之二的受访民众（67%）认为伊拉

图 3.13—3.15　《勇者行动》中一位海豹突击队员在受伤即将失去知觉时向敌人射击的第一人称视角画面

克战争形势不容乐观——这是自战争开始以来持负面观点人数占比最高的一次。在 2008 年 2 月的调查中，有 54% 的受访民众认为美国出兵伊拉克是"一个错误的决定"。[35] 除此之外，美国当时还在经历大萧条以来最为严重的经济危机：楼市崩盘，华尔街和底特律发展形势不佳，失业率上升，油价从阿富汗战争开始时的每加仑 1.35 美元（2002 年）上涨到 2008 年夏季的每加仑 3.25 美元——这也成为当时一个具有风向标意义的事件。受此影响，民众开始对美国的"超级大国"地位产生怀疑。因此，这段时期是塑造像钢铁侠这样的超级英雄，借以唤起民众对美国军方和"美国例外主义"支持的绝佳时机。

在谈及电影《钢铁侠》时，导演乔恩·费儒指出：超级英雄情结源自埋藏在人们心底的对一系列全球问题的恐惧，这些问题唯有超乎常人的英雄方能解决。费儒还提到："拿我自己来说，我是在冷战和核威慑时代长大的……我常常能够非常现实地感受到这种恐惧。在这种情况下，描写超级英雄的电影和漫画常常能够给人带来安慰，人们会感觉有超级英雄在他们身边，这些超级英雄会保护他们免受恶行的伤害——不管是纽约的街头暴力还是苏联的袭击行为。"[36] 在 1963 年斯坦·李开始创作漫威漫画《钢铁侠》时，这种对冷战的恐惧情绪正有不断蔓延之势，而《钢铁侠》的受众正是因越战受挫而震惊的一代美国人。与《超人》（超能力来自外太空）和《蜘蛛侠》（超能力来自被受辐射的蜘蛛咬伤）不同，托尼·史塔克——即"钢铁侠"——就是一个普通的地球人。史塔克毕业于麻省理工学院，是一位天才发明家，他的超能力完全来源于自己的创造。史塔克不仅是"勇往直前"的美国精神的化身，而且也是其父亲价值数十亿美元的国防企业的继承人。斯坦·李曾表示：他是在冷战最激烈的时期创作《钢铁侠》的，目的就是让读者感受到挑战。"我塑造了一个英雄，这个英雄完完全全代表着战争。他是一位武器制造商；他为军队提供武器；他拥有巨额财富；他是一位实业家；他外貌英俊又勇气可嘉……我认为，如果塑造一个读者不喜欢的人物，而又迫使读者喜欢上这个人，这会是一件很有趣的事。"[37] 不管从哪个层面看，斯坦·李创作的托尼·史塔克的形象都是他那个时代军事 – 工业复合体的缩影。

乔恩·费儒将《钢铁侠》搬上银幕的目的就是：使电影接近现实但又不过分现实化，避免使观众感到正在面对现实问题而导致电影失去了娱乐性，从而使电影能够保留漫画曾经给人带来的逃避现实的宣泄式体验。此外，费儒并不希望自己的钢铁侠成为一个脱离现实的人物。因此，他对自己所拍摄角色的定义不是"一个能解决某一现实问题的人"，而是"一个能应对当今各类挑战的人"。[38] 受此影响，《钢铁侠》在叙事方面手法细腻，目的就是让钢铁侠不再成为过往美国战争方式的代表，而成为军事革命中新型军事力量的象征。

在这部电影中，托尼·史塔克是防务企业"史塔克公司"（与波音公司和洛克希德公司极为类似）的总裁。托尼·史塔克前往战乱频仍的阿富汗，以向驻地的美军指挥官推销该公司的"杰里科"导弹。该型导弹威力巨大，仅一次发射就扫平了一座山峦。这也令人联想到军事 – 工业复合体的产品在战争中会带来附带伤害。

史塔克的车队后来遭到类似"基地"组织的恐怖组织"十戒"的袭击，史塔克本人受重伤，炸弹的弹片穿入了他的胸腔。

当史塔克苏醒时，他发现自己已经被恐怖组织关押。和史塔克关押在一起的还有另一个名叫殷森的人。史塔克在自己的胸膛中安装了一个电磁装置，以避免炸弹碎片进入心脏。关押史塔克的恐怖组织头目要求史塔克和殷森为该组织制造"杰里科"导弹，但两人却悄悄制造了一台威力强大的发电装置——方舟反应炉，以为史塔克胸膛中的电磁装置以及一套作战盔甲提供动力。史塔克利用自己公司的导弹配件在恐怖组织的地堡中制作出了金属盔甲的原型，并利用金属盔甲冲出了关押他的地方。在这个过程中，恐怖分子杀害了殷森。史塔克实施报复，杀死了关押他的大批恐怖分子，并借助金属盔甲飞离了事发地，最终坠落在沙漠之中。

回到美国后，涉险重生的史塔克宣布自己的公司不再进行军火贸易，转而专注于以方舟反应炉为代表的清洁能源研究。在这一点上，乔恩·费儒对托尼·史塔克的形象进行了"现代化改造"，令人印象深刻。他改变了斯坦·李以天才发明家、二战期间的军火商霍华德·休斯为原型的做法，用硅谷大亨埃隆·马斯克作为托尼·史塔克的新原型。埃隆·马斯克是一位成功的商人，先后创立了 PayPal、特斯拉和太空探索等多家公司。[39] 费儒为塑造钢铁侠这一形象而采取的另一个重要措施就是对演员的选择：小罗伯特·唐尼可以不费吹灰之力地表达出史塔克的冷酷，而且能够根据费儒提供的故事梗概进行即兴创作，将情节丰满、完美地表现出来。不仅如此，从元电影学的角度看，唐尼曾经吸过毒也坐过牢，他在演绎托尼·史塔克"痛改前非"的经历时同样带有自己的影子。

然而，并不是所有的人都认可史塔克"重获良知"、放弃发战争财的做法。史塔克父亲的合作伙伴、公司股东奥巴代亚·斯

图 3.16　托尼·史塔克在自己的工作室设计制作钢铁盔甲

坦尼就是其中之一。斯坦尼劝告史塔克：转型将会令史塔克企业一蹶不振。事实上斯坦尼还有一个终极目标，那就是取代史塔克成为公司总裁。为了达成这一目的，斯坦尼一直在向"十诫"组织提供武器装备，甚至参与策划谋杀史塔克的行动。史塔克决定结束斯坦尼的暴行，使阿富汗形势重回正轨。他返回自己的工作室——一个类似洛克希德公司臭鼬工厂的地方，这个工作室配备有各类智能机器人、3D 全息成像计算机、充满科幻色彩的通信系统——以制作钢铁盔甲和方舟反应炉的改进版（参见图 3.16）。史塔克给新盔甲配备了高技术精确制导武器，新盔甲也令史塔克成为了一名可以执行特殊任务的超级英雄。他身着新盔甲返回了阿富汗，消灭了"十诫"恐怖组织。

《钢铁侠》通过对主题的选择和对高新技术的描绘，向人们证实了军事革命对流行娱乐产品的创作具有重要影响。军事革命的支持者认为：未来的特种部队需要高技术武器装备，其中包括无人机、灵巧武器、先进人工智能设备、机器人系统、带有人脑－机械交互功能的外骨骼设备等。[40] 自 2000 年起，雷神公司就在其位于盐湖城的萨克斯分公司为美国陆军研制类似"钢铁侠"的军用套装。虽然这种套装目前还不具备飞行功能，但是这种穿戴型外骨骼已经能够在不影响穿戴者灵活性的前提下增强穿戴者的力量和耐力，穿戴者可以穿着它上下楼梯、爬坡，甚至可以穿着它踢足球。在电影《钢铁侠》上映的同时，雷神公司也举行了一次新闻发布会，其内容就是推广萨克斯项目。雷神公司在发布会上表示：《大众科学》杂志在其 5 月刊上介绍了萨克斯外骨骼套装，并将外骨骼套装比作《钢铁侠》中的钢铁盔甲，提出"科学幻想与现实世界的界限正变得日益模糊"[41]。萨克斯外骨骼项目的负责人斯蒂芬·雅各布森曾经表示：自己正是从科幻作品中找到了灵感，《钢铁侠》对他的研究工作起到了推动作用。

除了雷神公司的外骨骼套装外，《钢铁侠》中还有多个军工产品的首次亮相，其中就包括钢铁侠从阿富汗返回马里布市时在空中截击他的 F-22 "猛禽"战机。尽管 F-22 战机在研发过程中命运多舛，洛克希德公司还是选择电影《钢铁侠》作为这款战机的银幕首秀。20 世纪 90 年代，F-22 战机被空军选中作为先进战术战斗机进行研发和制作，但 F-22 战机在当时战争中的可用性受到频繁质疑。直至 2008 年 11 月，时任国防部部长罗伯特·盖茨宣布 F-22 战机在冷战后的冲突（如伊拉克和阿富汗战争）中无法发挥有效作用。在奥巴马执政时期，盖茨要求于 2011 财年之内结束 F-22 战机的生产，美国空军拥有的该型战机总数为 187架。当《钢铁侠》筹备拍摄时，首批 F-22 战机在加州爱德华兹空军基地交付并接受最终检测。空军娱乐事务联络办公室也表示希望看到这款战机走上银幕。除了 F-22 战机之外，爱德华兹空军基地还派出了 150 名军人在电影中扮演飞行员或其他角色。电影中的飞行场景以及"阿富汗沙漠"的场景都是在该空军基地取景拍摄。空军试飞员、学校技术支援教官、士官长拉里·贝伦表示："我希望人们在看完这部电影之后，能够对空军有良好的印象，就像人们在看完《壮志凌云》后对海军产生良好印象一样。这是向人们展示空军建设成果和能力素质的一个绝好机会。能够参加这项工作对我来说是一种荣耀。"[42] 同贝伦的表态类似，国防部《钢铁侠》项目负责人克里斯蒂安·霍奇上尉也表示："《钢铁侠》将会是一部伟大的电影。空军在这部电影中的形象将会像摇滚巨星一样引人注目。"[43]

在这部电影中，选择将 F-22 战机作为钢铁侠的对手是恰当的：F-22 是已经趋于没落的老军事 – 工业复合体的象征，它已经开始走下坡路，但它的身上还是集成了当时最为先进的科学技术——这款战机是军事革命早期走弯路的体现。F-22 是首款集成了超音速巡航（能够持续以超音速飞行而不使用燃料效率不高的加力燃烧室，可以使飞机在维持超音速飞行的同时提升飞机滞空时间）、超机动性（可以使飞机完成仅凭空气动力设计无法完成的动作）、隐身性、传感器融合等性能的战斗机。在 F-22 的传感器融合系统中，集成处理器能够融合处理来自各类不同传感器的数据，并将其整体显现在飞行员面前，从而大大减少了飞行员的工作量。电影中展示的 F-22 战机的另一个特性就是飞行员佩戴的可视头盔。同钢铁侠的头盔类似，飞行员的可视头盔上也能显示飞机速度、高度、武器状态以及其他重要的飞行数据。这款头盔还能跟随飞行员的视线显示视野中的场景，也无须通过瞄准器校准目标。这款头盔还可以协助飞行员操纵传感器和武器装备，并能通过飞行员的视线来确定攻击目标。除此之外，这款头盔还允许飞机与地面平台间共享实时战场信息。[44] 托尼·史塔克的钢铁盔甲中也集成了上述所有功能，他的可视头盔也具备通信、视觉提示、瞄准等功能。《钢铁侠》给观众们带来了身临其境的军事体验（参见图 3.17，图 3.18）。

这部电影对老式的军事－工业复合体也有描绘。最为典型的就是斯坦尼通过逆向工程学仿制钢铁盔甲的过程。斯坦尼从阿富汗的沙漠中收集了托尼·史塔克制造的钢铁盔甲碎片并开始进行仿制。由于斯坦尼未能掌握动力系统小型化技术，他所制造的钢铁盔甲巨大无比，达到近两层楼高。斯坦尼的钢铁盔甲需要使用巨大的液压装置来控制武器，这与史塔克苗条精干的钢铁盔甲形成了鲜明对比。史塔克的钢铁盔甲可以从手掌发射定向能武器，斯坦尼的钢铁巨兽则是使用手臂上安装的火箭发射器和机枪来进行射击。老式军事－工业复合体与军事革命技术最为鲜明的对比就是这一幕：当斯坦尼紧追史塔克进入外太空时，我们能够看到斯坦尼的钢铁巨兽后面拖着一条浓重的烟雾，让人不免想到洲际弹道导弹发射时的场景。这实际上是在向人们暗示：老式的军事工业是笨重、肮脏的，有待进行深入革新（参见图 3.19）。

托尼·史塔克带来的并不是老式军事－工业复合体的终结，而是将其转型为更加清洁、更加灵活、更加机动也更加智能化的军事机器，是要改变冷战期间军事－工业复合体体量庞大、粗放的特点。因为这种粗放带来的常常是大规模的破坏和附带损伤，因而需要耗费大量政治和经济成本。史塔克并不想制造武器，如

图 3.17　钢铁侠的智能头盔带有数据显示功能

图 3.18　钢铁侠的智能系统能够精确定位和瞄准恐怖分子

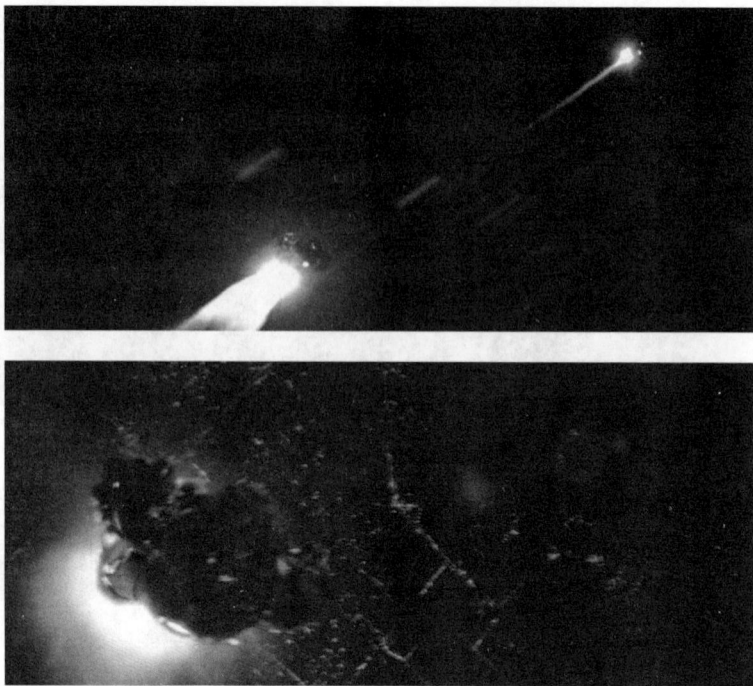

图 3.19 钢铁巨兽追击钢铁侠的场景，钢铁巨兽后方喷射出浓浓烟火，让人联想到冷战时期洲际弹道导弹发射的场景

果想消灭世界上的坏人，他就必须制造出高技术智能化系统。这一系统要使用最为先进的监视和瞄准设备，以准确地远距离消灭敌人，而不必派出部队实施占领。如乔恩·费儒解释的那样：钢铁侠就是一支部队——虽然这支部队只有一个人，但是他能够区分好人和坏人，对坏人实施攻击，对好人加以保护。他能不留太多痕迹地完成任务，这一点在某种程度上与我们的特种部队类似。[45] 在电影结束时，托尼·史塔克在集会上表示："我就是钢铁侠。"针对这句话，我们想说的是：钢铁侠就是军事革命的象征。

　　我们在本章节对军事－娱乐复合体制作的影视作品进行了分析，强调了这些作品中新好莱坞电影技法（如宏伟的场景和特效等）的使用和对军事革命中人物、装备和活动的描绘。对新电影技法的使用能够令影视作品扣人心弦、荡人心魄，使观众对影视作品上瘾、欲罢不能；而对军事革命的描绘则把新型美国式战争场景深深地刻印在了观众脑海之中。

注释

1 Jonathan Hurley, foreword to David L. Robb, *Operation Hollywood: How the Pentagon Shapes and Censors the Movies* (Amherst, NY: Prometheus Books, 2004), 13–22.

2 Robin Andersen, *A Century of Media, a Century of War* (New York: Peter Lang, 2006); Roger Stahl, *Militainment, Inc.: War, Media, and Popular Culture* (New York: Routledge, 2010).

3 Stahl, *Militainment, Inc.*, 6.

4 Andersen, *A Century of Media*, 173.

5 Andersen, *A Century of Media*, 176.

6 Andersen, *A Century of Media*, 227–230; see also Daniel C. Hallin and Todd Gitlin, "Agon and Ritual: The Gulf War as Popular Culture and as Television Drama," *Political Communication* 10, no. 4 (1993): 411–424; David Holloway, *Cultures of the War on Terror: Empire, Ideology, and the Remaking of 9/11* (Montreal: McGill-Queen's University Press, 2008), 66–70.

7 Stahl uses the term "spectacular war" in *Militainment, Inc.*, 31.

8 Marc Cooper, "Lights! Cameras! Attack! Hollywood Enlists," *Nation*, December 10, 2001, http://www.thenation.com/article/ lights-cameras-attack-hollywood-enlists#.

9 John Kampfner, "The Truth about Jessica," *Guardian*, May 15, 2003, http:// www. theguardian.com/world/2003/may/15/ iraq.usa2; Stacy Takacs, "Jessica Lynch and the Regeneration of American Identity and Power Post-9/11," *Feminist Media Studies* 5, no. 3 (2005): 297–310.

10 James Castonguay, "Conglomeration, New Media, and the Cultural Production of the 'War on Terror,'" *Cinema Journal* 43, no. 4 (2004): 102–108; James Castonguay, "Intermedia and the War on Terror," in *Rethinking Global Security: Media, Popular Culture, and the "War on Terror,"* ed. Andrew Martin and Patrice Petro (New Brunswick: Rutgers University Press, 2006), 151–178; James Der Derian, *Virtuous War: Mapping the Military- Industrial-Media-Entertainment Network* (New York: Westview Press, 2001).

11 Stacy Takacs, *Terrorism TV: Popular Entertainment in Post-9/11 America* (Lawrence: University Press of Kansas, 2012).

12 Lynn Spigel, "Entertainment Wars: Television Culture after 9/11," *American Quarterly* 56, no. 2 (June 2004): 235–270.

13 Jacqueline Furby, "Interesting Times: The Demands 24's Real-Time Format Makes on Its Audience," in *Reading 24: TV against the Clock*, ed. Steven Peacock (New York: I. B. Taurus, 2007), 59–70.

14 Steven Shaviro, *Post Cinematic Affect* (Winchester, UK: 0 Books, 2010),

1–10; Steven Shaviro, "Accelerationist Aesthetics: Necessary Inefficiency in Times of Real Subsumption," *e-flux journal* 46 (June 2013), http://www.e-flux. com/journal/ accelerationist-aesthetics-necessaryinefficiency- in-times-of-real-subsumption/.

15 Jane Mayer, "Whatever It Takes: The Politics of the Man behind '24,'" *New Yorker*, February 19, 2007, 66–83, http://www. newyorker.com/magazine/ 2007/02/19/ whatever-it-takes.

16 John Leonard, "Rush Hour. Jack Bauer Takes Another Licking. But Have the Show's Scenes of Torture Become Too Topical?" *New York Magazine*, January 10, 2005, http://nymag.com/nymetro/arts/tv/ reviews/10797/.

17 Mayer, "Whatever It Takes."

18 Dan Burstein and Arne J. de Keijzer, *Secrets of 24* (New York: Sterling, 2007), 87.

19 Dan Burstein and Arne J. de Keijzer, *Secrets of 24* (New York: Sterling, 2007), 95.

20 Dan Burstein and Arne J. de Keijzer, *Secrets of 24* (New York: Sterling, 2007), 77.

21 Bill Keveney, "Fictional '24' Brings Real Issue of Torture Home," *USA Today*, March 13, 2005, http://usatoday30. usatoday.com/life/television/news/ 2005- 03-13-24-torture_x.htm.

22 Christian William Erickson, "Thematics of Counterterrorism: Comparing 24 and MI-5/ Spooks," *Critical Studies on Terrorism* 1, no. 3 (2008): 349.

23 Quoted in Colin Freeze, "What Would Jack Bauer Do?" Globe and Mail, June 16, 2007, http://www.theglobeandmail.com/ news/national/what-would-jack-bauerdo/ article687726/.

24 Burstein and de Keijzer, *Secrets of 24*, 162–163.

25 Burstein and de Keijzer, *Secrets of 24*, 95.

26 Stewart Lee Allen, "Jack Bauer Wants You! The CIA Is Infiltrating Movie Theaters with a Snazzy New '24'-Style Ad Campaign," *Salon*, September 19, 2006, http://www.salon.com/2006/09/19/ cia_ads/.

27 Bruce Schneier, "The Blowfish Encryption Algorithm," in "Schneier on Security," 2005, https://www.schneier.com/ academic/blowfish/.

28 Bruce Schneier, "Blowfish on 24, Again," in "Schneier on Security," 2009, https:// www.schneier.com/blog/archives/ 2009/03/blowfish_on_24_1.html.

29 Bruce Schneier, "Blowfish on 24, Again," in "Schneier on Security," 2009, https:// www.schneier.com/blog/archives/ 2009/03/blowfish_on_24_1.html.

30 Christine Aylward, "Mike McCoy and Scott Waugh Talk 'Act of Valor,'" *Reel Life, Real Stories from MakingOf.com*, February 22, 2012, https://www.youtube.com/ watch ?v=ZCF7PZlwQ6A.

31 Mike McCoy quoted ibid.

32 Rebecca Keegan, "'Act of Valor' Must Balance Publicity, Secrecy with Navy SEALs," *Los Angeles Times*, February 12, 2012, http://articles.latimes.com/2012/feb/ 12/entertainment/la-ca-act-of-valor- 20120212.

33 Daniel Restuccio, "Cover Story: Act of Valor," *Post*, February 1, 2012, http:// www. postmagazine.com/Publications/ Post-Magazine/2012/February-1-2012/ Cover-Story-Act-of-Valor.aspx.

34 Daniel Restuccio, "Cover Story: Act of Valor," *Post*, February 1, 2012, http:// www. postmagazine.com/Publications/ Post-Magazine/2012/February-1-2012/ Cover-Story-Act-of-Valor.aspx.; Canon USA, "Canon EOS 5D Mark II Digital SLR Cameras Take Moviegoers Deep into the Daring Operations of Active- Duty U.S. Navy SEALs in Relativity Media's Act of Valor," press release, February 24, 2012, http:// www.usa.canon. com/internet/portal/us/home/about/ newsroom/press-releases/press-releasedetails/ 2012/20120224_actofvalor_ pressreleasedata/.

35 Pew Research Center, "Public Attitudes toward the War in Iraq: 2003–2008," March 19, 2008, http://www.pewresearch. org/2008/03/19/public-attitudes-towardthe- war-in-iraq-20032008/.

36 Edward Douglas, "Exclusive: An In- Depth Iron Man Talk with Jon Favreau," *SuperHeroHype*, April 29, 2008, http:// www.superherohype.com/features/96427- exclusive-an-in-depth-iron-man-talkwith- jon-favreau.

37 Stan Lee commentary, *Iron Man* DVD (Paramount, 2008).

38 Douglas, "Exclusive: An In-Depth Iron Man Talk."

39 Asawin Suebsaeng, "Like Most Libertarians, Iron Man Grows Up and Moves On," *Mother Jones*, May 3, 2013, http://www. motherjones.com/mixed-media/2013/05/ film-review-iron-man-3-politics.

40 Peter W. Singer, *Wired for War: The Robotics Revolution and Conflict in the 21st Century* (New York: Penguin Books, 2009).

41 Raytheon, "Raytheon Sarcos Exoskeleton Robotic Suit Linked to Iron Man Superhero," press release, May 2, 2008, http:// investor.raytheon.com/phoenix. zhtml? c=84193&p=irol-newsArticle&ID =1139099; Gregory Mone, "Building the Real Iron Man," *Popular Science*, April 9, 2008, http://www.popsci.com/ scitech/ article/2008-04/building-real-iron-man.

42 Donna Miles, "Edwards Team Starts in 'Iron Man' Superhero Movie," *US Air Force News*, May 2, 2007, http://archive.is/kpcs.

43 Donna Miles, "Military, Hollywood Team Up to Create Realism, Drama on Big Screen," *American Forces Press Service*, June 8, 2007, http://archive.defense. gov/ News/NewsArticle.aspx?ID=46352.

44 On the Scorpion Helmet Mounted Cueing System, see product advertisements at http:// www.thalesvisionix.com/.

45 Douglas, "Exclusive: An In-Depth Iron Man Talk."

第四章

按 X 键发动网络攻击：网络战与电子游戏

军事-娱乐复合体与军事革命的一个主要交集就是借助信息技术实施的大规模间谍和破坏活动。自新千年以来，黑客活动——以及国家支持下的网络攻击行为，即"网络战"——已经成为多类娱乐作品中的一个标准情节。在本章节中，我们将分析网络攻击行为在流行娱乐作品中起到的作用，以及使用这一情节对塑造网络防御产业的正面形象起到了什么作用。娱乐产业最初描写网络攻击情节的原因是这一情节能够提升叙事的多样性和紧迫感，但这也构建起了人们的文化期待，因此其影响也就超出了提升叙事多样性和紧迫感的范畴。

随着西方国家在经济和军事领域对信息技术的依赖度不断增加，人们对信息系统安全性的关注度也在不断提升。复杂的计算机系统加速了信息的传播，也使人们对信息的控制更加便捷，互联网的影响力开始不断扩大。但与此同时，如果软件、硬件甚至操作人员出现失误，信息被第三方获取的可能性也大大增加。自

2000 年起，社会上有关隐私和网络安全的争论日趋激烈，流行娱乐产品中黑客的形象越来越多，数字安全领域的威胁变得越来越真实。

2016 年，美国国家情报总监詹姆斯·克拉珀连续第四年在国会回应质询，解释"黑客行为是美国面临的最为严峻的安全威胁，其影响超过了全球恐怖主义和大规模杀伤性武器的扩散"[1]。但是，这一表述是没有事实支撑的：截至我们撰写本书之时，网络攻击造成有形破坏的例子依然不多，而且美国常常是网络攻击行为的实施者而不是受害者。根据马里兰大学"恐怖主义及应对策略全国研究联盟"项目的统计数据，在 2013 年有 11 952 人死于恐怖袭击，而无人因黑客活动而死亡。现实世界中的黑客活动仅仅表现为令人尴尬的信息泄漏或数据窃取。那么，在黑客威胁远不能与恐怖袭击或战争造成的人员伤亡和财产损失相提并论的情况下，如何才能把这种威胁提升到"国家的主要安全威胁""需要投入几十上百亿美元才能应对"的程度呢？加之黑客行为常常是悄无声息地进行的，而且黑客——尤其是国家支持的网络作战人员——很少被公开拘捕，那么黑客在人们对战争的认识中究竟扮演着什么角色，而黑客行为与其在娱乐产品中的表现形式又有什么关系呢？

娱乐产品中涉及网络安全的话题始于 1983 年电影《战争游戏》的上映。在这部电影中，年轻的马修·布罗德里克扮演大卫·莱特曼。莱特曼是个性格叛逆的青年，他鲁莽地攻击了北美防空司令部的网络，差点引发与俄罗斯的核战争。《战争游戏》引起了公众对网络安全的首次大讨论。在上映后的几个月内，《战争游戏》获得了媒体的大量报道，连专家也声称这部电影真实地反映了黑客行为对军事和经济安全造成的威胁。这部电影的画面被数次用在国会辩论当中，国会专门委员会使用它以证明自己的观点，连里根总统也引用这部电影来说明黑客行为的威胁。一年之后，国会通过了《计算机欺诈和滥用法案》，对任何未经授权而连接政府和金融系统计算机的行为进行严厉处罚。[2] 10 年之后，《战争游戏》的情节被人再次运用：检控官成功地援引《计算机欺诈和滥用法案》剥夺了黑客凯文·米特尼克在狱中使用电话的权利。检控官声称：米特尼克"对着话筒吹一声口哨就能从北美防空司令部发射一枚核导弹"——这句话正是《战争游戏》当中的台词。[3]

无论是在电影中还是在《计算机欺诈和滥用法案》中，甚至是在围绕黑客行为进行的极端分析当中，黑客行为都被定义为个人行为，而不是系统研发或错误的编程行为。举例而言，在《战争游戏》中，莱特曼能够接入北美防空司令部的超级电脑，原因是系统设计人员留有后门并使用了安全系数低的密码。电影未将系统设计人员留下的漏洞当作网络不安全的原因，而是将其归因于莱特曼的天赋和网络攻击行为。娱乐产品中的黑客个个神通广大，数据安全措施在他们面前形同虚设，计算机天才们总能轻易地突破网络防御，这就在无形中把研发人员和系统管理人员的责任转嫁到了使用人员身上。在这种情况下，大规模的监控措施和强有力的法律震慑成为解决网络安全问题最为有效的办法。

在此之后，政府官员和网络安全企业开始紧跟《战争游戏》的风潮，频繁强调虚构的黑客威胁，借以获取利润丰厚的安全合同。但是，这一政策自身就存在着矛盾，那就是一面要求对网络安全投入巨资以应对黑客威胁，一面支持开展网络攻击活动以获取战略优势。从 20 世纪 90 年代初开始,安全专家就警告称,网络安全领域有发生"珍珠港"事件的可能,而持新保守主义观点的军事革命支持者却在呼吁发展网络攻击能力,以确保美国在数字领域掌握绝对优势。[4] 上述意见建议引发了公共政策的转变,网络空间开始逐步军事化。例如,在 1997 年至 2006 年五角大楼发布的《四年防务评估报告》中,"网络"一词仅出现了 15 次,其中 2001 年的报告中出现 5 次,2006 年的报告中出现 10 次。而在 2010 年的《四年防务评估报告》中,"网络"一词出现了 73 次,2014 年的报告中,"网络"一词出现了 45 次,上述变化充分显示出政策及军事投资方面的显著变化。随着人们对安全威胁认识的转变,一个新的作战司令部也应运而生,这就是"美国网络司令部"。该司令部的职能是"作为国家安全局的军事分支机构",保护国防部网络系统及国家重要网络基础设施的安全。虽然绝大多数有关该司令部的介绍都将其描述为一个防御性机构,2010 年的《四年防务评估报告》却对该司令部的功能做了如下描述:该司令部将做好准备……在未来开展全频谱的网上军事行动——现在我们知道,这种"全频谱网上军事行动"其实经常发生。[5]

为了说明网络作战人员存在的必要性,军方官员在纸质和其他媒体上夸大黑客行为的威胁,以令公众相信黑客是相当危险的。国防部前副部长威廉·林恩曾指出:军方应该对网络空间给予特别的关注,原因在于:(1)网络行动能力是非对称能力,规模不大、资金不多的组织也能通过网络行动造成巨大的影响;(2)网络行动能力通常表现在进攻方面,而不是防御方面;(3)网络行动难于实时追踪和应对,针对网络行动实施报复并不容易。由于缺乏既往发生的电网或金融机构因网络攻击而瘫痪的例证，林恩使用了假设的情况来说明网络空间军事化的必要性。他声称：仅需要十几名计算机程序员就能威胁美国的全球后勤网络，窃走美国的作战计划，破坏美国的情报系统，影响美国向目标投射武器的能力。[6] 林恩还指出：其他国家和不怀好意的黑客也知道网络行动的破坏性，他们正在提升网络行动能力，不仅把政府计算机当作目标，而且也瞄准了重要的民用基础设施，包括电网、交通网络以及金融系统等。[7] 为了应对这些威胁，网络空间军事化似乎是最佳选择。

前任国家安全局长（1992 年至 1996 年）兼国家情报总监（2007 年至 2009 年）迈克·麦康奈尔进一步强调了网络安全威胁，他在 2010 年发表的专栏文章中指出：美国已经处在网络战争当中，而且美国正在输掉这场战争。麦康奈尔是在一次模拟情况处置之后发表上述言论的。在这次名为"网络冲击波"的模拟情况处置当中，多位参与者以"头脑风暴"的形式演练了应对网络攻击造成大规模破坏的情景——根据想定，网络攻击造成"4000 万人断电、6000 万部手机断网、华尔街关闭一周"的严重后果。麦康奈尔针对这次模拟演练指出：美国根本没有做好应对网络战的准备。"我们所有的作战计划和战略文件依然关注于传统战争，我们根本没为网上冲突做好哪怕最基本的准备。"[8] 麦康奈尔引述了知识产权遭窃取、网络立法不完善等事例来说明美国应对网络威胁的能力不足，他还强调应该加强政府对互联网的监督和控制，对基本的网络协议进行调整，以使网络数据追踪和定位能够在极短的时间内完成。上述建议带来的一个严重问题就是，如果实施这些建议，那么每位网民的匿名权都会遭到侵犯，而不光是那些不怀好意的网民。

林恩、麦康奈尔以及其他网络战"鹰派"人士的观点与流行娱乐产品叙事内容相同的一点就是：他们对网络安全的态度都建立在假设的"网络大战"基础之上，而且他们都想说明当前网络安全领域的技术防御措施是不完善的。娱乐产品借助林恩和麦康奈尔的表态来给虚构的故事情节增加几分真实色彩，但我们不应该认为编剧们描绘黑客行为跟上述专家强调网络威胁的目的相同。分析一下《战争游戏》对公共政策产生的影响，我们就能更加清晰地看到：公共政策语境中的网络安全话题对娱乐产品中虚构叙事的依赖更多，而娱乐产品对公共政策中网络安全话题的依赖度则相对较低。由于缺少支撑网络空间军事化的事实例证，政策制定者们只能依靠编剧、导演和游戏制作人在娱乐产品中对网络安全的描绘，才能形象地向选民推销自己的网络安全政策。另一方面，娱乐企业在其产品中日益频繁地描绘网络攻击也有着自己的目的，那就是给受众带来浸入式的、令人兴奋的娱乐体验。

对黑客情节的描述

自 2000 年起，以犯罪、执法、政治、科技等为题材的影视作品越来越多地将计算机黑客行为编入剧情当中。事实上，很多电视剧为了描写黑客情节甚至设置了专门的演职人员，这些人员了解很多技术术语并且精通计算机操作。带有恐怖主义色彩的黑客行为具备了当代战争的所有特点，由此导致了一类新的反面角色——网络恐怖分子——的产生。作为一类配角，黑客常常使用其不可思议的天赋获取信息，帮助主人公完成不可能完成的任务。正如把战争游戏的背景从第二次世界大战转换到反恐战争，导致游戏主角从普通战士转化为特种部队超级战士一样，把黑客活动编入剧情增加了故事的技术性，也使得其他角色可以完成各种特殊的任务。

我们认为：娱乐产品中虚构的黑客行为能够给人带来奇妙的感官体验，这是娱乐产品中描绘互联网军事化的主要原因。娱乐产品选择这一情节与现实世界中的黑客行为并没有太大关系。在娱乐产品中描绘黑客行为同在娱乐产品中表现战争一样面临着一定的制约。如前文所述，电子游戏当中表现战争时都去除了护卫伤员、建设基础设施、与驻地民众磋商等环节，也对战争的残酷、流血、暴力等情景进行了一定程度的加工。与此类似，娱乐产品在表现黑客行为时也进行了调整，以使其符合当代娱乐产品扣人心弦、令人兴奋的情感需求。

从事网络安全研究的人都知道，几乎所有的黑客行为都是编码工作，这个过程既无观赏性又耗费时间。网络攻击的实施需要进行多阶段的研究、编程，常常还要进行社会工程学的分析。对大多数受众而言，观看一个角色在电脑中输入晦涩难懂的指令都是一个单调乏味的过程。不仅如此，这个过程也破坏了现代娱乐产品的视觉效果和叙事节奏。因此，当娱乐产品要表现网络攻击行为时，屏幕上显示的往往都是复杂的三维动画、令人眼花缭乱的交互界面，至少也会展示指挥中心多个大屏幕滚动显示计算机指令的场景。

娱乐产品对黑客行为的描绘不是出于网络安全公司与娱乐界之间的广泛合作，而是由于黑客行为有助于娱乐产品加快叙事节奏——不管是在快节奏的作品（如《虎胆龙威》）中，还是在慢节奏的作品（如《网络犯罪调查》）中都是如此。如我们在前文论述军事革命时讲到的那样，只要在娱乐产品中描绘了黑客行为，那就难免会面临文化批判，因为这些娱乐产品影响着人们对非对称战争及其应对措施的认识和评价。然而，对军事革命的讨论使人们认识到新型军事技术和特种部队是解决恐怖主义和叛乱问题的良策。但对黑客行为的讨论却没有带来这种效果——黑客行为就像一种绝症，它无药可治，或者更为确切地讲，对它只能采取"以毒攻毒"的疗法。在流行媒体中，对网络威胁的调查和处置通常都是由"好的黑客"对"坏的黑客"实施网络反击。由于加强网络防御和编写程序来挫败黑客的阴谋远不如直接实施网络反击刺激，因此网络安全的重要性不得不让位于吸引受众眼球。

黑客也发挥着"导管"的作用，借助这一角色，故事的情感能够比传统的解释性叙事表达得更加流畅。黑客形象的出现常常会打断解释性叙事，利用黑客形象的目的要么是给受众带来震撼，要么是令其他角色也具备特殊的能力。而"后电影"的视觉风格就是重视情节的情感特色胜过重视情节的逻辑性和人物形象的完整性，这恰恰是黑客形象能够融入"后电影"风格的原因。黑客的形象变成了一种新的"特效"，它掩饰了情节中的矛盾和荒谬，将碎片化的叙事连接成一个整体。

流行娱乐产品中频繁使用黑客形象，这给我们对网络安全的认知带来了消极的影响。在公众的印象中，黑客攻破数字设备通常都不需要花费太多的时间和精力，他们能够迅速取得令人惊讶的突破和几乎完美的成果。黑客的这种能力催生了这样一个词——"完美接入神话"，也直接影响了人们在文化层面对数字安全及隐私的认识。如同对网络安全话题的讨论一样，对"完美接入神话"的描述也将个别情况普遍化，使其涵盖了所有的数字设备，并且将实施黑客行为所需花费的时间和精力高度压缩——例如，从几天、几周甚至几年压缩到几乎瞬间完成。这种近乎神奇的描绘使网络安全公司及政策制定者们提出的"网络威胁"更加可信，也使计算机安全专家们成了解决网络安全问题的唯一选择。在对"完美接入神话"的描绘中，网络防御成为了一场注定失败的游戏：黑客们已经拥有了进入数字王国的金钥匙，任何防御措施对他们都不起作用。维护网络安全不再依赖加强网络防御，而是越来越多地依靠进攻性网络作战行动。这就使人们的关注重点从采取措施保护终端用户，转到了更为军事化的解决方案上——如加强监控或实施网络威慑措施等。如果说在数字世界一切皆有可能的话，那么强力进攻就是最好的防御。

游戏当中的"完美接入神话"

随着影视作品中开始频繁出现黑客桥段，3A 级游戏也开始在情节中加入黑客角色，但这些角色主要都是一些支援性的非玩家角色。举例而言，在《细胞分裂》系列游戏中，山姆·费舍尔就得到了多位黑客的帮助，这些黑客在费舍尔执行秘密任务时为其提供了情报和监视等支援。同其他娱乐产品的表现手法一样，这些黑客的作用也是让游戏主角能够集中精力实施令人激动的任务，而不需要打破游戏叙事的连贯性。黑客的出现加速了互动游戏的情感流动，将玩家停下来思考问题的时间最短化。到 2015 年中期为止，3A 级游戏将玩家的角色设定为黑客的依然不多。但是我们预计，随着网络作战成为军事行动中的"规定动作"，游戏当中对黑客角色将着墨更多，也会有越来越多的战争类游戏

图 4.1　在《使命召唤：黑色行动 2》当中，只要按住 X 键几秒钟就可以打开一个加密的箱子

将玩家的角色定义为黑客。

　　以网络战和军事革命作为大背景的战争类电子游戏之一就是《使命召唤：黑色行动 2》。[9] 这款游戏有一个重要的转变，未来的战争类游戏很可能会对其进行模仿。这就是：以往的游戏中都有"按住 X 键实施交互"的屏幕提示，但在《使命召唤：黑色行动 2》的一些情景当中，屏幕提示变成了"按住 X 键实施黑客行动"。如果玩家在按住 X 键的同时输入其他一些指令，玩家就可以打开锁闭的集装箱或是房间、启动敌方的无人机来保护玩家自己，或是操控敌人的其他装备等（参见图 4.1）。同其他媒体描绘的黑客一样，《使命召唤：黑色行动 2》中的黑客也是无所不能的，只要按下某个按键他们就能完成任务。尽管将用词从"实施交互"变成"实施黑客行动"只是表达方式的变化，但这一

变化却在很大程度上改变了游戏中玩家与数字设备的相互关系。"实施交互"是一种开放式的描述，意思是任何人只要方式正确就都可以使用这种装备；"实施黑客行动"则是一种更富侵略性的表述方式，它暗示着控制和占有，并且在技术层面凸显出"敌对关系"。

除了在游戏设置中采取上述手法之外，《使命召唤：黑色行动 2》在战役叙事中也生动地呈现了网络世界的威胁，其对网络威胁的描绘甚至超过了很多政府官员。这部游戏的背景是，在不远的将来，美军在数字化方面已经取得了飞速发展：无人机被大量使用且多数无人机都无须人类操作，高技术套装几乎能达到隐形的效果，指挥与控制系统均实现了互联互通。游戏中的头号反派是劳尔·梅内德斯。此人是一个反经济不平等的国际民粹主义组织的领导人，富有感召力但长期从事秘密活动。梅内德斯对东方某大国金融机构发动了网络攻击，并将此次袭击伪装成美国所为，致使美国遭受谴责。作为回应，该东方大国开始战争准备并切断了对美国的稀土供应——此举带来的后果严重，因为美国军事装备中的电子元件需要稀土资源。梅内德斯随后研发了一种量子计算装置，该装置功能强大，能够瞬间破解所有计算机密码。他利用该装置实施了一次非对称作战行动，控制了美国所有的无人机，并命令无人机对洛杉矶发动攻击（参见图 4.2）。在造成了大规模混乱之后，梅内德斯又下令无人机自毁，以民粹主义者的姿态展示出公平竞争的理念。

《使命召唤：黑色行动 2》采用了《使命召唤》系列游戏的典型叙事手段。故事情节虽然有失真实，但游戏还是一浪高过一浪地给玩家带来了激动人心的史诗般游戏体验。隆隆的爆炸声及

图 4.2 在《使命召唤：黑色行动 2》中，被劫持的无人机飞临洛杉矶上空

呼啸的子弹让玩家没有丝毫的时间去思考，整部游戏都在推动玩家按预设方式采取行动。玩家究竟是如何通过黑客手段控制了对方的无人机并不重要，对游戏本身而言，控制无人机的行为增加了玩家的获胜概率。梅内德斯劫持美国的无人机部队不仅需要入侵军用计算机网络，而且需要控制大量的基础设施，如卫星中继设备、全球定位系统及信息技术系统等，因为没有这些系统的支持，无人机部队就无法按他的计划开展行动——但所有这一切也不重要了。看到美国的无人机转而攻击美国的城市、高楼大厦在攻击中坍塌，这样的场面足以给人带来史诗般的情感体验，令玩家很快便忘记了游戏中所有的不合常理之处。在《使命召唤：黑色行动 2》当中，所有网络防御措施——无论是加密措施还是防火墙——在神奇的黑客行为面前都形同虚设。这种情节设计在修辞层面的表意是明确的：既然其他国家会利用网络战来获取优

势，那么美国也应该这么做，这是天经地义的事。

《使命召唤：黑色行动 2》主要从地缘政治层面对网络战进行了描绘，介绍了军事革命并展示了过度依赖数字技术可能带来的危险。但是，这款游戏没有详细描绘伴随信息技术和反恐战争出现的情报、监视与侦察系统数量激增的现象。与此相比，育碧公司 2014 年推出的《看门狗》虽然不是一款战争游戏，但是它却从宏观层面对网络战进行了介绍，这种手法不仅会对未来的战争类电子游戏产生影响，而且可能影响到人们对数据安全的认识。

《看门狗》是一款开放世界游戏，在这款游戏中，监视与黑客行为几乎无处不在。故事的梗概是：黑客艾登·皮尔斯侵入了控制芝加哥基础设施的电脑网络，随之发生的停电事故造成了十余人丧生。芝加哥及其他美国城市开始寻求布鲁姆公司的帮助，以研发一套中央控制系统来管理整座城市，致使交通指示灯、手机、监控摄像头、蒸汽管道、电网等全部被纳入名为"ctOS"的系统管理之下。玩家完成游戏任务的过程也是争夺"ctOS"系统控制权的过程，参与这场争夺的还包括布鲁姆公司、市政官员、犯罪组织以及其他黑客等。无处不在的监控以及糟糕的数字安全措施导致邪恶势力频繁践踏隐私权并实施敲诈勒索行为。尽管游戏承认这些活动都是严重犯罪行为，但玩家在玩游戏的过程中同样会实施类似的活动，因为只有通过黑客行为才能一步步让敌人的阴谋浮出水面。

与《使命召唤：黑色行动 2》形成鲜明对比的是，《看门狗》对意识形态的表达十分直接。游戏开始后不久，与皮尔斯共同实施黑客行为的同伴就会宣称"我们是当代的魔术师"。与《使命召唤：黑色行动 2》一样，《看门狗》中的黑客也是无所不能，点一下键盘就能解决大问题。皮尔斯仅凭一部智能手机就可以在城市中为所欲为：输入几个字符就能把钱转入自己的账户，随时能够监听别人的通话偷看别人的短信，看上哪辆汽车就可以将其据为己有。在游戏中，将视线指向一个监控摄像头并按 X 键，玩家就能访问这个摄像头并能获得其面部识别能力。如果这个摄像头的视野中还有其他摄像头，那么按住 X 键就同样可以访问新的摄像头，玩家的游戏视角也会随着摄像头的变换而转换。不管是使用摄像头视角还是玩家独立视角，玩家都几乎能对任何一种设备进行黑客攻击，其中包括大型服务器、交通指示灯、桥梁、路由器、智能手机、升降机、起重机等，几乎包括你能想到的任何东西（参见图 4.3 至图 4.6）。大量使用黑客情节也导致这个游戏的玩家持续处于信息过载的状态：所有数字设备都是玩家完成任务的潜在工具。虽然这些设备纷繁复杂，但游戏当中有一点是非常简单的：玩家只要按住 X 键就一定能够找到解决问题的办法。

《使命召唤：黑色行动 2》和《看门狗》都专门聘请了网络安全专家参与游戏制作，以协助构建游戏的虚拟环境和叙事结构，并且两部游戏都将"完美接入神话"演绎到了极致。《看门狗》还曾专门强调游戏中所有的黑客技术都是有理论依据的。这款游戏甚至制作了一部"隐藏相机模式"的广告，在这部广告中，人们可以获取一个免费的手机应用程序，借助这款程序，人们就可以打开车锁、控制交通指示灯，这些功能令人惊讶。[10] 游戏的制作团队还声称他们在市场调研阶段细致地研究过各类黑客技术，以免游戏中的黑客技术像某些好莱坞大片一样明显失真。[11] 但其所谓的追求真实的典型作法，就是援引现实世界中一丝真实的情况，然后将其夸大并推升到极致。无论如何，游戏需要有趣味性

图 4.3 在《看门狗》中，玩家借助黑客行为控制监控摄像头和蒸汽管道

和大众性，只有这样，制作方才能收回开发游戏所投入的巨额资金。《看门狗》中的黑客行为在特定条件下也许具有技术可行性，但其在时间上进行了极度的压缩。各种黑客技术被完全融入一部智能手机之中，这部手机具有扫描、选择对象、编辑和获取数据等各项功能，只需要按一下 X 键就能完成各类任务。《看门狗》的情节也预示着黑客行为的软件化，网络攻击的过程被简化为按一下键盘就能迅速得到反馈。这种即时反馈的特点也为游戏使用黑客情节提供了可行性——当玩家在芝加哥的街头飞奔以摆脱警察的追捕时，实施黑客行为必须取得立竿见影的效果。除了使用炫目的动画、爆炸、撞车等镜头之外，游戏对玩家实施黑客行为给予的反馈还包括高品质的声音效果、震动效果等。即使事发地不在玩家的视野当中，这些特效也会令玩家即刻感受到黑客行为造成的结果。黑客行为带来的便利——如阻断敌人通信系统或使用"ctOS"系统来自动识别和追踪对手等——激发了玩家继续游

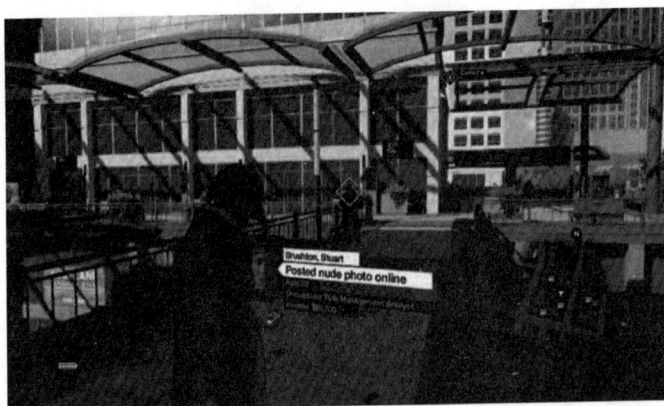

图 4.4 在《看门狗》中，皮尔斯的手机拥有面部识别技术，可以用来识别行人，窃听其谈话内容并窃取其账户资金或其他信息

戏的兴趣，使玩家对借助黑客行为获取更多能力产生积极渴望。尽管《看门狗》也在很多场景中对使用监控措施提出了质疑，但这种质疑往往稍纵即逝，因为玩家自己也需要通过监控等手段来完成任务。因此，与《使命召唤：黑色行动2》一样，《看门狗》回避了与数字安全相关的很多问题，其目的是满足玩家对"获取更多能力"的情感需求。而掌握这些能力之后，玩家就可以在军事革命技术的帮助下扭转局势、完成任务。

从"按 X 键发动网络攻击"到 X 计划

伴随着《使命召唤：黑色行动2》和《看门狗》的上市，网络战逐渐成为人们关注的焦点，甚至带上了魔力的色彩。加之人们对网络问题的认识趋于悲观，数据安全似乎成了一道无解的难题。娱乐产品把黑客描绘成了无所不能的形象，政界人士则不遗

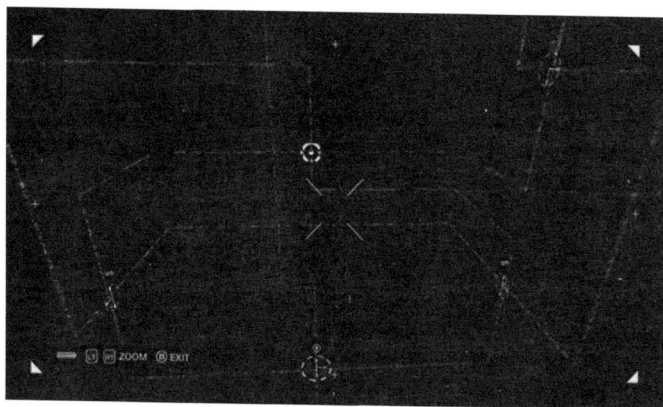

图 4.5　最难解决的黑客问题在《看门狗》中以小迷宫的形式展现

余力地宣扬黑客的威胁，从而换来对军事力量的投资或相关政策的修改，黑客问题背后的意识形态博弈逐步浮出水面。2010 年，"美国基础设施可能遭受网络攻击"的警示达到了顶峰，与此同时，安全专家们发现了一个针对伊朗纳坦兹核设施实施网络攻击的复杂程序。该程序由美国和以色列联合开发，项目代号为"奥运会"（2007 年至 2010 年）。这个名为"震网"的病毒程序专门用于攻击基础设施，而此类攻击正是美国政府官员反复提及的"可能导致美国瘫痪"的攻击类型。[12]"震网"病毒没有把污水处理厂、电网等作为攻击目标，它的攻击目标是铀浓缩设施的工控单元。受攻击的伊朗核设施工作效率大大降低，近一千个铀浓缩单元遭到损坏，伊朗的核计划因此倒退数年。

"震网"病毒的成功彰显了美国进攻性网络作战能力建设取得的成就，但同时也表明实施大规模网络战面临严峻挑战。在北约 2011 年准备对利比亚实施空袭时，有人曾建议实施网络战以

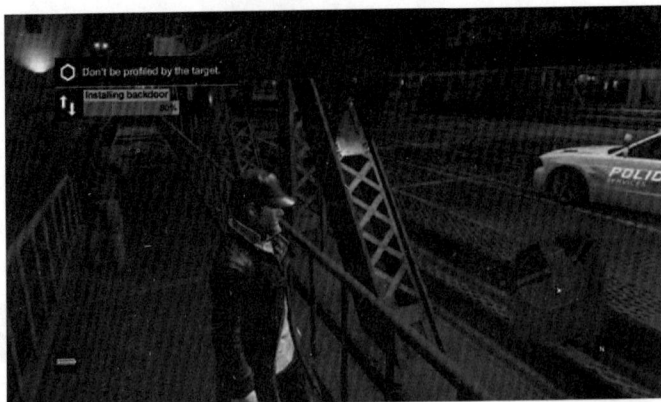

图 4.6 《看门狗》允许玩家通过黑客手段进入其他玩家的游戏并窃取游戏数据。当你开始安装后门程序时，游戏会提示攻击目标，被你攻击的目标需要在后门程序安装完成前把你消灭掉，否则他们就将面对被黑客攻击的结果

破坏敌防空系统，从而保护北约飞机的安全。在人们幻想有神奇的黑客动动手指就能完成这个任务时，北约成员国却发现传统装备与网络作战武器之间存在着巨大差距：导弹是可以按一下按键就发射，但网络作战兵器却需要大量的研制时间，并需要根据攻击目标的特点进行个性化改造。现实中使用网络战兵器绝不像娱乐产品中描绘的那么简单，据美国官方表示：实施对利比亚防空系统的攻击需要一批程序员至少工作一年时间，才能编写出可用的程序。[13] 也就是说，即便使用政府掌握的雄厚资源，实施黑客行动也是一件非常困难的事情。

受到这次事件的触动，五角大楼于 2011 年启动了一项新的国防高级研究计划局项目——"X 计划"。五角大楼为该项目投入1.1 亿美元，目的就是拟制网络战的基本战略，增强网络战的基本能力，缩小传统武器装备与网络作战需求之间的差距。虽然该项目的目标并不是直接研制攻击性网络战兵器，但其着眼点仍旧是"使未来实施网络战像影视剧中表现的一样容易"。

该项目的第一步就是研发出网络战指挥平台，以便指挥官们顺畅地指挥攻击性或防御性的网络作战行动，而不需要对网络或计算机系统有精深的了解。该项目创立者丹·罗埃克对此表示：就像你在玩《魔兽世界》时拿到了一把攻击力 +5 的圣剑，你根本不需要知道这把剑是怎么产生的，你需要知道的是这把剑的特点和怎么用这把剑。这就是我们在完成项目时秉持的理念——你不需要知道所有的技术细节。[14]

罗埃尔的上述表态非常生动地阐释了"X 计划"和游戏产业之间的密切关系。国防高级研究计划局信息创新办公室负责人、"X 计划"监督人员丹·考夫曼曾经就是游戏产业的从业者。在《荣誉勋章》系列游戏制作期间，考夫曼担任着梦工厂互动工作室的首席运营官。"X 计划"中还利用了娱乐界领先的交互式设计，以实现网络作战行动的可视化和直观化，提升网络作战界面的友好度——正如人们在电子游戏中所做的一样。为了实现这些目标，国防高级研究计划局还与青蛙设计公司进行了合作，以为网络作战平台设计交互界面的原型。青蛙设计公司是一家专门从事交互设计业务的公司，该公司曾先后参与了索尼公司的"随身听"以及苹果公司 IIc 便携式电脑的设计。初代网络战平台在三星 SUR40 触控桌面上运转，诺阿·沙特曼称其为"40 英寸多人共用 iPad"。该平台的特点就是将网络的拓扑结构及相关的信息流直观可视地显示出来，目标选择及武器运用都可以通过触碰屏幕来完成。另一个参与交互设计的就是无极黑工作室。该工作室主要进行概念艺术设计工作，其参与设计的游戏包括《生化奇兵》《英雄联盟》和《崛起 2：黑暗水域》等。在该工作室的倡导下，武器交互界面被设计成了战术手册的样式，"就像在《疯狂足球》游戏里面一样，你需要把带球跑动做得像传球一样，你需要有假动作"。由于很多网上冲突都与重复运行同一个程序有关，无极黑工作室准备根据这一特点设计一个模板，该模板仅允许一名行动筹划人员掌握所有的战术，以此来实现过程的简化。[15]在这个模板中，每种武器都用一个图标来代替，图标暗示着这种武器的风险以及它的效能。每次需要使用一种武器时，这种武器在未来的效能就会降低，因此所有武器都会根据其研发成本进行分级分类，以便使用者能够对比该武器的潜在风险和可能的收益。如果你点"使用"键，平台就会开始编写针对目标系统的网络攻击程序，使用者就可以在合适的时候实施网络攻击。[16]"X计划"还尝试使用了奥库鲁斯头戴式虚拟现实设备，以实现网络攻击和检测入侵者的可视化（参见图4.7）。[17]

这些交互措施的使用使网络战更加直观化，但他们只是解决了一部分问题。网络战武器能够发挥效能的前提是你知道在哪里使用它。因此，"X计划"的第二步就是研发网络地图绘制工具，以对接入点进行分类并识别出系统漏洞的位置。在网络地图的帮助下，人们就可以找到最合适的攻击工具以及使用攻击工具最合适的地点。

在2013年首次对新闻界进行公开展示时，"X计划"更像是一款游戏而不像是一个网络作战平台。它只是一个交互式界面，界面上展示着一些不真实的信息，没有展示有关网络作战武器的任何情况。但自那以后，防务领域的大公司（如雷神、诺思罗普·格鲁曼等）以及一些小型公司（如数据策略公司、英提菲

图 4.7 用于实施可视化网络攻击的"X 计划"平台原型

克公司、Apogee 研究公司、Aptima 公司等）先后拿到了多份合同，合同总金额近 7400 万美元。在 2013 年中期拿到合同后，数据策略公司被 L-3 公司并购，而英提菲克公司则被立方体公司并购，L-3 公司和立方体公司都是国防工业界的巨头，两家公司都想拓展在网络领域的业务。在获得技术和资金支持之后，"X 计划"可能真的可以把"按 X 键发动网络攻击"变成现实。

数字武器还是数字安全——两难选择

只有当我们破除对网络灾难的偏见、摒弃对黑客行为的迷信时，我们才能对网络世界有客观清醒的认识。黑客行为不是对西方世界最为严峻的威胁，而是美国政府内心渴望的一种体现。正如我们目前所知，美国政府是对计算机系统漏洞研究投入最多的国家（"零时差漏洞利用"）。世界各国政府并没有鼓励研究人员或黑客发现漏洞并向商家报告，以便商家迅速完善系统，而是花费重金购买漏洞研究的成果，将其列为最高机密，以便在实施网络攻击时使用。[18] 如果系统漏洞没有及时打上补丁，政府就可以针对这一漏洞研发攻击工具，那么全球各地使用该系统的人都会面临被攻击的风险。网络攻击和网络防御是一对矛盾，只重视一个方面，那另一个方面就会面临风险。

将计算机漏洞作为高度机密的网络战工具也导致了互联网监控的流行。我们知道，即便是网络安全公司也无法对他们不知道的漏洞实施防护，这样一来，政府就能够以帮助网络公司提升网络安全为由换取网络公司的机密信息，从而令大量隐私及其他数据面临泄漏风险。为了及时降低受攻击的风险，人们必须使用传感器对互联网上的数据流进行持续监控，以在威胁抵达攻击目标之前实施拦截措施。从斯诺登泄漏的国家安全局文件当中我们可以看到：国家安全局拥有一套复杂的监控系统，这套系统能够对互联网上的数据流进行实时的扫描和复制，并能够自动对目标用户实施攻击。[19] 国家安全局的这种网络防御措施需要其首先具备强大的网络攻击能力——至少要与其防御对象的网络攻击能力相当。正如一位高级防务官员所言：我们需要了解敌人在想什么、在做什么……敌人的一举一动都是我们要监控的对象。[20] 2012 年，时任国防部长帕内塔曾提出：美国已经具备一些先发制人的能力，但美国仍缺少在国内完全使用这些能力的法律基础。帕内塔表示：美国可能会发生"网上珍珠港袭击事件"，这类事件的破坏性将不亚于"9·11"恐怖袭击。帕内塔还向国会施压，要求其加强网络安全立法，以使政府能够更加便捷地开展网络防御活动。[21] 但到 2016 年中期，所有相关立法均因涉及公民自由权利问题而未能获得通过。

在网络空间军事化的同时，人们忽略了解决网络安全问题的其他替代措施。人们看到的是先发制人的防御策略、全球监控、处罚式的立法，却没有看到问题的实质，那就是不安全的程序和粗心大意的网络使用人员。政府其实不必花费巨资来研制网络攻击工具，而应该帮助软件公司堵塞安全漏洞，为软件研发和开源提供资助，以提升计算机安全水平。政府也可以组织安全教育活动，警示计算机使用者不要点击不明链接或随意转账。但这些简单有效的解决方案不会给政府带来网络空间的战略优势，也不会通过巨额的国防合同来刺激网络安全经济的发展。但是这些解决方案能够让使用者把网络安全和保护隐私的权力掌握在自己手中，而不是寄希望于实施强硬网络安全政策的政府。

娱乐产品中的黑客情节向人们展示了一种很少有人了解的灰色威胁。黑客角色帮助编剧们加快故事节奏，提升叙事的娱乐性，使游戏情节更加生动并且为游戏提供了富有对抗性的数字化操作环境。与此同时，娱乐产品中对黑客形象的描绘也使人们认识到政府正在加大网络安全投入——仅 2014 年政府签订的与网络安全相关的合同金额就达到 100 亿美元以上，且这一数额的年复合增长率预计将达 7.6%。[22]

注释

1 Brian Bennett, "Cyberattacks Pose Growing Threat to U.S., Intelligence Chief Says," *Los Angeles Times*, February 26, 2015, http://www.latimes.com/nation/la-naintel- cyber-20150226-story.html. Alex McQuade, "2016 Worldwide Threat Assessment of the U.S. Intelligence Community," *Lawfare*, February 12, 2016, https://www.lawfareblog. com/2016-worldwide-threat-assessmentus- intelligence-community.

2 Stephanie Ricker Schulte, *Cached: Decoding the Internet in Global Popular Culture* (New York: New York University Press, 2013), 21–54; Declan McCullagh, "From 'WarGames' to Aaron Swartz: How U.S. Anti-Hacking Law Went Astray," CNET, March 13, 2013, https://www.cnet.com/ news/from-wargames-to-aaron-swartzhow- u-s-anti-hacking-law-went-astray/.

3 Kevin D. Mitnick and William L. Simon, *Ghost in the Wires: My Adventures as the World's Most Wanted Hacker* (New York: Little, Brown, 2011).

4 Bill Blunden and Violet Cheung, *Behold a Pale Farce: Cyberwar, Threat Inflation, & the Malware-Industrial Complex* (Walterville, OR: Trine Day, 2014); Donald Kagan, Gary Schmitt, and Thomas Donnelly, *Rebuilding America's Defenses: Strategy, Forces and Resources for a New Century* (Washington, DC: Project for the New American Century, 2000), 57.

5 Department of Defense, *Quadrennial Defense Review Report* (Washington, DC: Department of Defense, 2010), 38.

6 William J. Lynn III, "Defending a New Domain: The Pentagon's Cyberstrategy," *Foreign Affairs* 89, no. 5 (2010): 98–99.

7 William J. Lynn III, "Defending a New Domain: The Pentagon's Cyberstrategy," *Foreign Affairs* 89, no. 5 (2010): 100.

8 Ellen Nakashima, "War Game Reveals U.S. Lacks Cyber-Crisis Skills," *Washington Post*, February 17, 2010, http://www. washingtonpost.com/wp-dyn/content/ article/2010/02/16/AR2010021605762. html; Mike McConnell, "Mike McConnell on How to Win the Cyber-War We're Losing," *Washington Post*, February 28, 2010, http://www.washingtonpost.com/ wp-dyn/content/article/2010/02/25/ AR2010022502493.html?.

9 Earlier hacking games that do not engage with the modern idea of cyberwarfare have been skipped over here, but they have been highly influential nonetheless. Games like introversion Software's *Uplink: Hacker Elite* and the many mods that followed in its wake created the genre of "hacking simulators." While these simulators are important in their own right and merit further study, they also fall well below the popularity threshold we have used in this study.

10 Dave Tach, "Watch Dogs Hidden Camera Prank Wows and Terrifies Its Targets with Convincing Tech," *Polygon*, May 16, 2014, http://www.polygon. com/2014/5/16/5723578/watch-dogsprank- video.

11 Timothy J. Seppala, "The Real-Life Hacking behind Watch Dogs' Virtual World," *Engadget*, May 23, 2014, http://www. engadget.com/2014/05/23/watch-dogshacking- kaspersky/.

12 David E. Sanger, "Obama Order Sped Up Wave of Cyberattacks against Iran," *New York Times*, June 1, 2012, http://www. nytimes.com/2012/06/01/world/ middleeast/obama-ordered-wave-ofcyberattacks- against-iran.html.

13 Ellen Nakashima, "U.S. Accelerating Cyberweapon Research," *Washington Post*, March 18, 2012, http://www. washingtonpost.com/world/nationalsecurity/ us-accelerating-cyberweaponresearch/ 2012/03/13/gIQAMRGVLS_ story.html.

14 Quoted in Noah Shachtman, "This Pentagon Project Makes Cyberwar as Easy as *Angry Birds*," *Wired*, May 28, 2013, http://www.wired.com/dangerroom/ 2013/05/ pentagon-cyberwar-angrybirds/ all/.

15 Quoted in Noah Shachtman, "This Pentagon Project Makes Cyberwar as Easy as *Angry Birds*," *Wired*, May 28, 2013, http://www.wired.com/dangerroom/ 2013/05/ pentagon-cyberwar-angrybirds/ all/.

16 Ibid.

17 Andy Greenberg, "Darpa Turns Oculus into a Weapon for Cyberwar," *Wired*, May 23, 2014, http://www.wired.com/2014/05/ darpa-is-using-oculus-rift-to-prep-forcyberwar/.

18 Joseph Menn, "Special Report—U.S. Cyberwar Strategy Stokes Fear of Blowback," Reuters, May 10, 2013, http://in.reuters. com/article/usa-cyberweaponsidI NDEE9490AX20130510.

19 Ryan Gallagher and Glenn Greenwald, "How the NSA Plans to Infect 'Millions' of Computers with Malware," *Intercept*, March 12, 2014, https://theintercept. com/2014/03/12/ nsa-plans-infectmillions- computers-malware/.

20 Ellen Nakashima, "Pentagon Cyber Unit Wants to 'Get inside the Bad Guy's Head,'" *Washington Post*, June 19, 2014, http:// www.washingtonpost.com/ news/ checkpoint/wp/2014/06/19/pentagoncyber- unit-wants-to-get-inside-thebad- guys-head/.

21 Steven Musil, "Pre-Emptive Cyberattack Defense Possible, Panetta Warns," *CNET*, October 11, 2012, https://www.cnet.com/ news/pre-emptive-cyberattackdefense- possible-panetta-warns/.

22 John Slye, "Federal Cybersecurity Market to Grow amid Challenges," *Washington Post*, November 11, 2012, http://www. washingtonpost.com/business/capital business/ federal-cybersecurity-marketto- grow-amid-challenges/2012/11/09/ c2807218-251f-11e2-9313-3c7f59038d93_ story.html; Aliya Sternstein, "White House's $14 Billion Cyber Spending Claim Is Squishy," *Nextgov*, November 8, 2013, http://www.nextgov. com/cybersecurity/ cybersecurity-report/2013/11/whitehouses- 14-billion-cyber-spendingclaim- squishy/73475/.

4.1 黑客行为及网络战的叙事效果

黑客情节

流行娱乐产品中的黑客常常都是技术精英。如果他们不是能力最强的黑客，那也只有一个原因：与他们对抗的是能力更强的黑客，这就让娱乐产品的情节紧张刺激。通常情况下，如果黑客领受了一项任务，他就能不费吹灰之力地完成这项任务。不管这项任务是接入中央监控系统或是邮件服务器，追踪定位智能手机，还是从防护严密的服务器上下载机密数据或是破坏地区电力系统，黑客完成任务都不会遇到太多困难。

在黑客的帮助下，故事情节常常会取得快速发展，而故事中对黑客的背景介绍却常常少得可以忽略不计。典型的情况是：黑客行为的价值体现在弄到了什么东西，而这些东西常常是剧情发展的决定因素。这样一来，在现代以技术为中心的叙事当中，黑客常常充当着"解围之神"的角色。

推动故事情节和节奏发展

黑客是一个受欢迎的角色，因为编剧可以借助这一角色获得自己想要的叙事节奏。自新千年以来，娱乐产品的叙事节奏不断加快，在后电影时代，这一趋势更是达到了顶峰，对营造情感的重视远远超过了叙事。在多部电视剧（如《24 小时》等）取得成功之后，电影的商品化色彩更加浓重，其对情节刺激性的追求也愈演愈烈，而这通常都是以牺牲情节的连贯性为代价来换取的。正如令人眼花缭乱的特效、快速镜头切换、戏剧化的剧情转折被用来增加娱乐产品的冲击力一样，黑客行为也被编剧用来加剧、减缓甚至是重新塑造观众的情感体验。

　　黑客是"及时提供有用信息的专家"，他们还被用来制造叙事中的悬念，或是提供快速解决问题的方案。这一点在有关"加密解密"的情节中表现得尤为明显。当一群人得知某些信息是解决问题的关键，但在故事情节中这还不是透露信息的最佳时刻时，往往会有一个黑客出现，他需要想出破解密码或是攻破防火墙及其他数字防护措施的办法。这种情节设计通常能达到放慢故事节奏或是制造悬念的目的：在攻破网络之后才能知道一位特工的身份，在破解密码之后主角们才能开始采取重要的行动。黑客们能够不费吹灰之力地拿到他们想要的东西，这充分体现出破解密码的重要性。不管是接入监控摄像机、电子邮件服务器，还是接入其他网络系统，黑客行为都能给故事情节迅速注入新的信息，使故事情节能够以更快的节奏发展。如果使用这一技术进入某个系统（如军用无人机控制系统等）并骗取系统信任，还能给观众带来视觉震撼，并能改变故事中的力量结构。

W4.1.1　在《看门狗》中，你需要拿到一份加密的数据，这份数据与解救你被绑架的姐姐有关，同时也关系着另一项大阴谋，但你无法迅速获得这份数据。因此，你需要展开后续行动以找到能够破解这份数据的黑客。当数据被破解后，故事的冲突也就迎刃而解了

W4.1.2 在《24小时》中，乔埃尔·奥布莱恩和"开放机构"负责人阿隆·克罗斯发现了一段被改写的编码，这段编码使恐怖分子能够控制美国的无人机。编码隐藏在数量巨大的代码当中

个性鲜明的灰色形象

在编剧的笔下，黑客角色常常都是人们难以理解的角色。他们常常不懂社交技巧，但他们对信息技术的了解却超过了其他主角甚至是很多观众。娱乐产品中对黑客如何获得超常能力常常不做解释，他们时不时地冒出几句专业术语，这更凸显了他们异于常人的能力。因此，黑客常常不需要经历角色发展，但他们对故事情节的发展却发挥着极为重要的作用。

黑客在很大程度上发挥着叙事的功能，虽然他们自己几乎不占用叙事的篇幅。也就是说，黑客与叙事一样推动着情节的发展，他们自己不占叙事的份额。当然，这并不是说黑客的角色发展可以完全不用在意，但这一特点确实让编剧可以自由考虑在黑客身上投入多少叙事份额。经常出现的情况是，对黑客的角色刻画不是发生在黑客利用其技术特长的时候，而是发生在黑客为剧情发展提供体力或情感支援的时候，这给黑

W4.1.3　在《看门狗》中，黑客角色都有鲜明的审美特点而又性格古怪。克拉拉（左）非常性感，需要保护，是皮尔斯的准情人。雷蒙德·肯尼（右）则性格乖张聪明，能够给皮尔斯提供各种帮助

客不食人间烟火的形象增添了一丝人性化的气息。

　　黑客的形象既带有魔术师的色彩，也带有叛逆天才的特征。他们常常不懂社交技巧，与电脑打交道的能力总是强于和人打交道的能力。这种性格上的缺陷有助于弱化网络攻击行为的影响，同时虚化他们对剧情发展所起的作用。如果你问一个黑客他们是怎么拿到重要信息的，他们只会用一堆让人不知所云的术语来回答你。黑客所带来的尴尬令故事情节更加丰富多彩，也使主角们显得更加人性化、更加可靠。与男主角相比，男性黑客的形象常常是体形猥琐、不修边幅、没有魅力的，这也给观众带来了喜剧化的视觉效果。女性黑客则常常是性别特征明显、个性自由，常常是男主角的陪衬或是爱慕对象。

《特殊行动：一线生机》中的
反战意识

> 为了自己而杀戮是谋杀；
>
> 为了国家而杀戮是英雄；
>
> 在娱乐中杀戮则是无伤大雅的。
>
> ——《特殊行动：一线生机》

本文中大部分的论述都是围绕"军事－娱乐复合体"，以及其在"使公民形成用军事手段解决外交政策问题意识"中所发挥的作用而展开。

我们在本书中没有重点介绍娱乐界与军方开展的合作，而是把重点放在了以下问题上：娱乐界是如何利用军事革命的工具、技术和对威胁的认知来营造浸入式情感体验，从而巩固和扩大用户群体的。娱乐界的行为并不是出于服从军方公关需要或是爱国主义，而是迫于娱乐产业所面临的独特压力。决定军事－娱乐复合体所制作的系列游戏成败的，不再是军事生活中的规则及身体或心理的体验，而是"后电影"式的、史诗般的美学表现。这种美学表现能够加深人的情感体验，促使人给予游戏更多感情投入，也使游戏变得更加刺激好玩。这种现象造成的结果就是：游戏叙事碎片化的倾向更加普遍，国家暴力行为也日益成为打击当今世界邪恶势力的必要措施。

这些游戏的叙事中有很多模棱两可的表述，它们既带有宣扬武力的色彩，也带有反战的色彩，但这些模棱两可的表述一般不会影响玩家的游戏体验。游戏的主旨是促使玩家成为英雄，去响应使命的召唤，而不是令玩家沮丧或者深入思考敌人的行为。游戏鼓励玩家采取英勇行动去拯救自己的同伴，而不管游戏叙事当中表达的是支持战争还是反对战争的情感。简单地讲，游戏中对战争的态度已经难以引起玩家关注，它的重要性已经被互动的、有趣的、微观的体验所取代，这种体验影响着人们对游戏的认识，而且通常都是积极的。

以当前战争为题材的军事射击类游戏对未来战争的认识也是大同小异，这些游戏也会使用战争情节来激发人积极的情感反应。战争系列游戏通过给玩家提供新奇的工具和技术来刺激玩家，这些工具和技术能够让玩家更加有效地击杀敌人。但这些游戏却闭口不提如何缓解冲突、如何避免暴力。制作流行娱乐产品的成本很高，加之玩家们希望从中获得英雄般的感觉，而不是消极的负面体验，因此，我们认为军事－娱乐复合体在未来的系列游戏中也不大会对战争采取批判式的、客观的表现手法。

在此之前，对战争游戏的批判通常都是植入到既有游戏的内部，而不是通过制作新游戏来表达，这样做原因有二：一是制作新游戏成本太高，二是批判战争的游戏销量不会太好。植入式反战宣传的一个例子，就是在《反恐精英》的多玩家模式中，玩家可以在墙上喷涂反战口号和图像。在《美国陆军》中也出现过类似的场景：艺术家约瑟夫·迪拉普曾经在游戏的公屏上不断地打出在伊拉克阵亡将士的姓名、职位等信息。这些植入式反战宣传和其他政治类反战短片向人们提供了一个战争批判视角，而在游戏的交互界面中，这种视角通常是被回避的。但总的来看，这些反战宣传仅能传达给很少的一部分游戏玩家。其他一些游戏——如《合金装备》等——也在反战宣传方面做过一些好的尝试，但这些游戏情节冗长复杂，只有硬核玩家才能感受到游戏中反战宣传的影响。[1] 但是，近期推出的一款战争游戏却在这方面迈出了新的一步，它充分证明将战争当作娱乐是非常困难的，这款游戏就是《特殊行动：一线生机》。

《特殊行动：一线生机》在我们的论述中占据着独特的地位。一方面，这款游戏向我们展示了战争类游戏可以从"军事－娱乐循环"中脱离出来；另一方面，它也印证了我们在本书中强调的多个观点，尤其是"战争游戏通过战争行为给玩家营造积极情感，从而谋取商业利益"这一事实。《特殊行动》系列游戏最早由丧尸工作室于 1998 年研发，该游戏在早期计算机游戏市场上取得了成功，在其他游戏平台市场上也取得了一定成绩。该游戏是一款基于班战术的射击类游戏，游戏主角是美国特种部队。《特殊行动》的很多特点在 2006 年后出现的大量战争游戏中都有所体现。受市场效益影响，该游戏在 2002 年推出第 9 版后曾停发了一段时间。10 年后，Yager 开发公司和 2K 游戏公司重新启动该游戏制作项目，并推出了《特殊行动：一线生机》。上述公司希望能借助这款游戏从《使命召唤》《战地风云》和《荣誉勋章》占领的市场中分一杯羹。除与上述游戏界巨头竞争之外，该游戏还有一个特殊的目的。这款游戏并不企图用令人兴奋的场景给玩家英雄般的游戏体验，而是想要展示战争的阴暗面和军事干涉主义带来的问题。

游戏在开始阶段并无特殊背景：迪拜遭受了长达数月的沙尘暴袭击，整个城市都被沙土覆盖，包括前往实施救援行动的美国陆军第33营。接着，玩家以马丁·沃克上尉的身份进入游戏。沃克带领着一支由3人组成的三角洲特种小分队前往事发地，以查明第33营及其负责人约翰·康拉德上校的下落。

来到迪拜后，沃克上尉发现有数个派别正在争夺这座城市仅存的资源，并且发现第33营的军人被不明组织扣押并处决。沃克决定将小分队的任务扩大到救援幸存的美国军人。随后，沃克逐步发现部分33营的军人在当地实施戒严令，并屠杀当地平民以及与他们意见不一的33营其他军人。中央情报局也在当地策划叛乱活动以反抗33营的行为，导致当地形势极其复杂。

由于不了解当地情况，沃克的小分队在迪拜遇到了一系列问题，使它们完成任务的过程举步维艰。他们刚与第33营建立联系就受到了中央情报局指使的袭击。在这个过程中，玩家会发现他们需要杀害33营的军人，否则这些军人就会杀死玩家。沃克随后还发现33营的军人拘押了数十名平民当作人质，这更证明33营是小分队的敌人，小分队被迫采取攻击行动。33营则使用白磷弹袭击起义人员，将很多人活活烧死（参见图5.1）。小分队终于从33营手中夺回了白磷弹发射器，并使用发射器攻击33营的一个基地。当腐蚀性火焰散落到敌人身上时，沃克在红外瞄准具的瞄准界面上看到了自己面孔的映像，这一幕更加深了游戏对

图5.1　在《特殊行动：一线生机》中，沃克从被白磷弹攻击的现场走过，这次攻击造成几十名美国军人和难民丧生

人心灵的触动：沃克必须把自己的救援对象烧成灰烬。

但如果把造成这一悲剧的责任推到对方身上，一切似乎又变得合理了："他们没有给我们其他选择"，"是他们逼迫我们这样做的"。在后续情节中，沃克将从被烧焦的尸体边走过。这一刻他才痛苦地认识到：他不仅杀害了大量美国军人，而且还杀害了47名在基地中寻求庇护的平民——其中包括儿童。当看到一位被烧焦的母亲仍伸出手试图保护自己的孩子时，沃克的内心深受震撼（参见图5.2）。从此之后，沃克就像变了一个人一般。

沃克逐渐变得疯狂，不断想用其行为的必要性来说明它的合理性。即使在小分队完成侦察任务准备回国时，沃克仍试图扩大任务范围，以弥补自己犯下的错误。很快，他开始给中央情报局支持下的叛乱势力提供帮助，并开始追踪康拉德。与对沃克的影响一样，游戏画面也会在玩家心中造成负面影响。杀戮给玩家带来的兴奋感逐渐消失，玩家继续玩游戏的原因就是游戏还没有结

图 5.2 在白磷弹袭击中，一位母亲试图保护自己的孩子

束。很快，玩家会找到一部无线电台，康拉德会通过这部无线电台透露他所犯下的所有恶行。随后，玩家被置于必须做出道德抉择的境地。

在其中的一个场景里，救援小分队会经过一个悬吊着两个人的通道。康拉德会告诉沃克：两人中有一名平民，这位平民因盗窃 33 营的水而受处罚；另一人则是美国军人，这名军人杀害了盗水者的家人以示报复。狙击手瞄准了两个人，但玩家收到的指令是只能杀死罪孽更重的那个人（参见图 5.3）。如果玩家不做选择的话，他就会和两个人一起被击毙。实际上选择杀死哪个人并不会影响游戏的进程——因为的确没有其他重要的参考因素来协助玩家做出决策，但在后续的游戏过程中，康拉德及沃克的队友会对玩家的选择做出评价。尽管所有选择都不是好的选择，但这些选择还是带有深远意义。不管沃克怎么做，他的行为都体现着道德责任。[2]

图 5.3　康拉德强迫沃克选择杀死两个人中的哪一个人

　　在游戏中，小分队不仅受到康拉德的纠缠，也遭到 33 营的追击，最终小分队选择与中央情报局支持的叛乱势力合作，共同实施抢占水源以击溃 33 营的计划。在计划开始实施后，小分队才意识到中央情报局的目的是摧毁水源，在 4 天内害死城市中的所有人员，以彻底掩盖 33 营的恶行并挽回美国在中东的颜面——但认识到这一切都为时已晚。在沃克不明就里的协助下，中央情报局已经敲响了迪拜的丧钟。

　　随着沃克逐渐失去理智，他开始带领小分队深入迪拜城中，对过去经历的一切实施报复。只有杀死康拉德和 33 营的其他人员才能让他恢复理智，弥补他过去犯下的一切错误。与过去的很多战争游戏不同，这款游戏的主人公不再是一个英雄，在实施行动的过程中，主人公成了承受所有压力的角色。随着游戏的进行，沃克在交火时的言语中开始充斥着脏话和对 33 营人员的仇恨。沃克和小分队其他成员的形象也日渐憔悴、满脸血污，外形上的变化也暗示着他们情感上经历的磨难。

沃克小分队的人员不断被康拉德的手下追杀，但与此同时，沃克也最终杀到了康拉德可能的藏身之处——城市中心。进入康拉德藏身的房间后，玩家会发现康拉德的房间中画着沃克最为痛心的一幕：一位母亲竭力想保护孩子免受白磷弹攻击之苦。看到这一幕，沃克开始指责康拉德应该对所有的灾难负责，并声称自己所做的一切都是无奈之举，是康拉德逼迫自己的结果。沃克想为自己的负面情绪找到发泄对象，但谁该为这种负面情绪负责呢？是康拉德，游戏制作者，还是军事-娱乐复合体？但这都不重要了。令沃克恐惧的是，他发现康拉德早已去世，康拉德在游戏中的出现只是沃克人格分裂造成的，是沃克心理上一直想为杀害无辜者找寻托词的结果。游戏最终的对话向玩家展现了沃克的内心世界：

沃　克：这儿发生的一切已经超出了我的掌控范围。

康拉德：是吗？如果你早点停止，所有这一切都不会发生。但你没有停止，你一直在前进。为了什么？

沃　克：我们要来救你。

康拉德：你无法搭救任何人。你的本事不是救人，而是杀人。

沃　克：这不是我的错。

康拉德：承认眼前的事实确实不容易。在事实无法辩驳时，你就臆想出所谓的事实。真正的事实是，你来到这里只是因为你想成为一名英雄，但很

可惜你根本不是英雄。我在这里出现就是因为
你不接受自己的所作所为，这才是你人格分裂
的原因。

同沃克面临的矛盾一样，玩家这时也可以选择放弃游戏。但
是游戏的设计惯例以及玩家对游戏的情感投入往往会令玩家继续
下去，直至玩家得到想要的游戏体验。然而，《特殊行动》并不
准备让玩家获得其想要的体验。游戏结束时，玩家必须迅速做出
选择：如果玩家仍然坚持自己是被迫采取的行动，康拉德就会杀
了他。作为替代选项，玩家也可以承认自己对沃克的行为负有责
任，并且杀掉康拉德。这时游戏就会出现三种结局，三种结局都
会令人不安。沃克独自坐在迪拜市中心，一支美国分队会前来营
救沃克。玩家可以放下武器离开，如同什么事也没有发生；玩家
也可以选择继续战斗。如果玩家水平不够高，沃克就会被自己的
国人杀死，但心中会知道自己死得其所。如果玩家是个老手，那
他就能杀死所有来拯救他的人，而无视内心因杀戮而愈积愈多的
不安（参见图 5.4）。所有的结尾设计都不会给沃克他希望得到的
英雄般的结局，也不会减轻玩家因暴行而产生的愧疚，相反，所
有的结尾设计都会加深玩家因制造灾难而产生的罪恶感。

《特殊行动》有着独特的游戏惯性。它推动玩家持续参与一
个令人恐惧的游戏进程。大多数其他射击类游戏都通过设计反恐
等情节，使玩家在游戏当中的暴力行为带有合理性。并通过给予
玩家经验和金币奖励等方式令杀戮变成一种娱乐行为，描绘令人
热血澎湃的英雄行为以消除游戏中的暴力带来的持续影响。但与
此不同，《特殊行动》令玩家在游戏的同时必须直面游戏中的行

图 5.4 沃克杀死了前来救援他的军人。游戏的惯例刺激着玩家继续战斗，尽管这种做法与游戏的主旨相悖

为所带来的道德拷问。这款游戏中的暴力行为不仅影响着主人公沃克的心态，也影响着整个游戏界，这一点是其他射击类游戏未曾尝试的（参见图 5.5）。

在《特殊行动：一线生机》中，随着游戏的进行，屏幕上会出现一些辛辣的提示和评论：

- 你今天又杀死了多少美国人？
- 你今天有当英雄的感觉吗？
- 你始终是一个好人。
- 这都怪你。
- 如果你是个好人，你就不会来这儿。
- 美军不允许杀害未持武器的作战人员。
  但这是在游戏里，你怕什么呢？
- 你记不记得你来这儿干什么？

图 5.5 沃克的形象在游戏中的转变：游戏开始时（左）；白磷弹袭击后（中）；游戏结束时（右）

如果玩家顺利玩完了这部游戏，那玩家绝对不会因这部游戏而心情舒畅。

《特殊行动：一线生机》还有一个特点，那就是借助技术来强化叙事，而不是使叙事模糊化。我们在本书中已经多次提到，当代战争游戏的一个突出特点，就是利用军事革命来营造游戏的情感效果。这些游戏借助新型武器装备来提升杀戮效果，使用新技术以使玩家能更好地识别和追踪敌人，新装备和新技术的运用成了推动游戏情节发展的重要因素。《特殊行动：一线生机》则拒绝使用大多数新型军事技术。这款游戏没有使用技术来缓解玩家因杀戮而产生的消极情绪——因为这与该游戏的叙事相悖，而是使用技术来凸显游戏中的一些最为关键的时刻，如使用白磷弹攻击的场景等，技术成为突显玩家暴力行为所造成后果的工具。屏幕上的一片烟雾确实能让玩家觉得自己强大，但这种积极的情感很快就被另一种认知所取代：玩家正在杀害他本应保护的对象。当玩家被迫穿过被其袭击后的营地时，营地中的惨状更是会令玩家的积极情感消失无踪，因为他会发现自己误杀了很多平民。

负责该游戏叙事设计的理查德·皮尔斯曾表示：这款游戏在设计之初也包含高新技术装备，其中就有能够凸显敌人位置的观察设备。这款设备有穿墙效果，能帮助玩家对敌开枪射击。[3] 但2K公司最终决定删除这些设计，原因就是高技术装备的运用令这款游戏过于"技术化"。游戏中缺少带有科幻色彩的装备也确实令一些人对游戏评价不高，认为游戏的精彩程度不够。但我们认为，这款游戏牺牲了一些积极的评价，却维护了叙事的核心地位。2K公司在其他一些方面的"赌注"也有失准之处，这也显示出在"消费者预期"和"反战游戏体验"之间求得平衡并非易事。在借鉴其他射击类游戏的经验后，2K公司坚持在游戏中增加多玩家模式，但这与单玩家的叙事背景并不协调。由于研发资金及资源不断减少，单玩家模式中的叙事不得不缩减了两个半小时，以给多玩家模式留足时间——这一做法最终饱受批评且未起到任何作用。[4] 尽管获得了多类奖项，且游戏的叙事也得到了好评，上述失误还是给这款游戏带来了致命影响。2K公司表示：由于市场销量远低于预期，Yager公司不会再推出《特殊行动：一线生机》的续集。这款游戏未来的命运已经蒙上了阴云。

作为一款对军事–娱乐复合体的工作持批评态度的作品，《特殊行动：一线生机》仍然值得给予特殊关注，因为他在战争类电子游戏的历史上进行了独一无二的尝试。这款游戏放弃了射击类游戏给人们带来的期待，而是借助叙事传达了对军事–娱

乐复合体的质疑态度。这款游戏既是军事－娱乐复合体的一款产品，也是射向军事－娱乐复合体的一支羽箭。在人们把军事－娱乐复合体宣扬的军事暴力当作娱乐手段的时候，这款游戏反其道而行之，对军事暴力持批判的观点，并且对"使用高新军事技术解决未来问题"的必要性提出了质疑。尽管《特殊行动：一线生机》取得的成就有限，它还是在一定程度上影响到了未来玩家对战争游戏的选择。这款游戏是一部射击类游戏，但它也是一部质疑所有射击类游戏的游戏。通过这种做法，《特殊行动：一线生机》对军事－娱乐复合体产生了一定影响。

注释

1 While other shooter-themed franchises such as *Bioshock* (17 – 25 milkion sales) and *Mass Effect* (15 million sales) offer complex moral questions for players to engage with, they are somewhat a field of the general trend we are describing as central to the military – entertainment complex . Not only are these games better characterized as sci – fi shooters, they are also in far different sales brackets from franchises like *Call of Duty* (218 million sales) and Battlefield (44 million sales) .

2 For more on this line of argument, see the wonderfully detailed analysis in Brendan Keogh, *Killing Is Harmless: A Critical Reading of Spec Ops: The Line* (Marden, Australia: Stolen Projects, 2012).

3 Richard Pearsey, e-mail message to Luke Caldwell, March 29, 2015.

4 Ibid.

致谢辞

感谢多位同仁携手相助。感谢杰基·温斯顿同我们合作，共同开展设计制图工作，协助我们更好地表达主题。帕特里克·赫伦协助进行文本和数据的挖掘工作，帮助我们从网上电影数据库中提取影视作品里有关军事化主题的内容并进行相关分析。上述工作对我们第三章的撰写大有裨益。切里·罗斯提供了一系列回馈及编辑建议，我们对此深表感激。

杰夫瑞·施奈普和哈佛大学 metaLAB 各位同仁为该成果的成型提供巨大帮助。从本书准备、设计直到编撰成型，上述人员的帮助均不可或缺。除此之外，试读我们手稿的匿名读者提供了独到的意见建议，对我们论证观点起到了帮助，在此感谢他们的热忱。

卢克·卡德韦尔在此感谢拜内克家族通过拜内克奖学金计划提供的资金援助，以及奖学金计划负责人汤姆·帕金森提供的帮助、建议和支持。我们在 2014 年和 2015 年夏季得到了弗雷德和巴巴拉·萨瑟兰奖学金计划以及詹金斯家族奖学金计划的慷慨支持，在此一并向他们表示感谢。

本书第二章的部分内容曾在《战争游戏的未来：新型美国式战争的普及》一文中使用过。这篇文章被编入《控制区：电脑与屏幕上的战争游戏》一书（帕特·哈里甘，马修·基尔申鲍姆编，坎布里奇：麻省理工学院出版社，2016）。

最后，我们对合作伙伴切里·罗斯和伊丽莎白·卡德威尔表示感谢。他们慷慨、耐心地牺牲了大量时间试玩战争游戏并观看大量的战争影视剧，承担了大量本不属于他们的工作。

参考网址

军事革命

http://www.comw.org/rma/fulltext/overview.html

http://www.army.mil/aps/2003/realizing/transformation/operational/objective/

http://www.au.af.mil/au/awc/awcgate/ndu/tam/01_toc.htm

http://archive.defense.gov/news/defense_strategic_guidance.pdf

http://www.herigate.org/org/research/reports/2013/01/the-measure-of-superpower-a-two-major-regional-contingency-military-for-21-century

http://www.discovery.org/a/655

电子游戏

http://www.americasarmy.com/

https://www.callofduty.com/

http://www.military.com/off-duty/games/

http://www.battlefield.com/

http://www.specopstheline.com/

http://www.thegamedesignforum.com/

技术

http://www.popsci.com/scitech/article/2008-04/building-real-iron-man

http://www.defense.gov/news/article/article/604009

http://defensetech.org/

http://passcode.csmonitor.com/planx

http://www.darpa.mil/

http://www.darpa.mil/program/plan-x

商务

http://www.saatchikevin.com/lovemarks/future-beyond-brands/

http://www.ubisoft.com/en-us/company/investor_center/annual_report.aspx

http://investor.activision.com/annual-reports.cfm

http://investor.ea.com/annuals.cfm

http://vgchartz.com/gamedb/

配图说明

配图：杰基·温斯顿，2015 年

第一章　从《战争地带》到《美国陆军》：国防部与游戏产业

图 1.1　　来源：杰克·A. 索普. 建模、模拟与游戏的趋势：过去 30 年回顾与未来 10 年的展望. 跨军种 / 工业培训、模拟与教育会议，2010，8.

图 1.2　　来源：东 73 之战：战争模拟. 国防高级研究计划局，国防分析研究所. 弗吉尼亚州亚历山德里亚，1993.

图 1.3　　来源：ID 软件公司.《毁灭战士》，1993.

图 1.4　　来源：丹·施奈德，斯科特·巴内特，路易斯·E. 维拉兹格. 海军陆战队版《毁灭战士》. 美国海军陆战队对《毁灭战士》的修改版，1996.

图 1.5　　来源：马克·雷德洛.《半条命》. 维尔福软件公司，1998.

图 1.6　　来源：李明，杰西·克利夫.《反恐精英》. 维尔福软件公司，1999. 以《半条命》修改软件的形式供免费下载。

图 1.7　　来源：迈克尔·齐达.《美国陆军》. 美国陆军出版，2002.

第二章　招揽回头客：史诗现实主义和战争游戏专营的产生

图 2.1　　　　来源：《虚拟战场空间 2》，波希米亚互动工作室 . 2007

图 2.2　　　　来源：Infinity Ward 工作室，大锤工作室 .《使命召唤：现代战争 3》.
　　　　　　　动视公司，2011.

图 2.3　　　　来源：Infinity Ward 工作室，《使命召唤 4：现代战争》. 动视公司，
　　　　　　　2007.

图 2.4　　　　来源：Infinity Ward 工作室，《使命召唤：现代战争 2》. 动视公司，
　　　　　　　2009.

图 2.5　　　　来源：Infinity Ward 工作室，大锤工作室 .《使命召唤：现代战争 3》.
　　　　　　　动视公司，2011.

图 2.6　　　　来源：DICE 工作室 .《战地风云 3》. 艺电公司，2011.

图 2.7　　　　来源：DICE 工作室 .《战地风云 3》. 艺电公司，2011.

图 2.8　　　　来源：危险距离工作室，DICE 工作室 .《荣誉勋章》. 艺电公司，
　　　　　　　2010.

图 2.9　　　　来源：危险距离工作室 .《荣誉勋章：战士》. 艺电公司，2012.

图 2.10　　　 来源：危险距离工作室 .《荣誉勋章：战士》. 艺电公司，2012.

图 2.11　　　 来源：育碧蒙特利尔工作室 .《彩虹 6 号：Vegas2》. 育碧公司，2008.

图 2.12　　　 来源：育碧巴黎工作室，育碧红色风暴工作室，育碧罗马尼亚工作
　　　　　　　室 .《幽灵行动：未来战士》. 2012.

图 2.13　　　 来源：特雷亚克工作室 .《使命召唤：黑色行动 2》. 动视公司，2012.

图 2.14　　　 来源：Infinity Ward 工作室，《使命召唤：现代战争 2》. 动视公司，
　　　　　　　2009.

图 2.15　　　 来源：特雷亚克工作室 .《使命召唤：黑色行动 2》. 动视公司，2012.

第三章　近在眼前：军事革命与情感娱乐

图 3.1　　　　来源：IMDb.com

图 3.2　　　　来源：IMDb.com

图 3.3　　　　来源：IMDb.com

图 3.4   来源：乔尔·苏诺，罗伯特·科克伦.《24 小时：再活一天》. 20 世纪福克斯电视台，2014.

图 3.5   来源：乔尔·苏诺，罗伯特·科克伦.《24 小时：再活一天》. 20 世纪福克斯电视台，2014.

图 3.6   来源：乔尔·苏诺，罗伯特·科克伦.《24 小时：再活一天》. 20 世纪福克斯电视台，2014.

图 3.7   来源：乔尔·苏诺，罗伯特·科克伦.《24 小时：再活一天》. 20 世纪福克斯电视台，2014.

图 3.8   来源：迈克·麦克罗伊，斯科特·沃夫.《勇者行动》. 班迪托兄弟电影公司，2012.

图 3.9   来源：迈克·麦克罗伊，斯科特·沃夫.《勇者行动》. 班迪托兄弟电影公司，2012.

图 3.10   来源：佳能美国分公司新闻稿，http://www.usa.canon.com/internet/portal/us/home/about/newsroom/press-releases/press-release-details/2012/20120224_actofvalor_pressreleasedata/.

图 3.11   来源：佳能美国分公司新闻稿，http://www.usa.canon.com/internet/portal/us/home/about/newsroom/press-releases/press-release-details/2012/20120224_actofvalor_pressreleasedata/.

图 3.12   来源：迈克·麦克罗伊，斯科特·沃夫.《勇者行动》. 班迪托兄弟电影公司，2012.

图 3.13—3.15 来源：迈克·麦克罗伊，斯科特·沃夫.《勇者行动》. 班迪托兄弟电影公司，2012.

图 3.16   来源：乔恩·费儒.《钢铁侠》. 漫威工作室，2008.

图 3.17   来源：乔恩·费儒.《钢铁侠》. 漫威工作室，2008.

图 3.18   来源：乔恩·费儒.《钢铁侠》. 漫威工作室，2008.

图 3.19   来源：乔恩·费儒.《钢铁侠》. 漫威工作室，2008.

第四章　按 X 键发动网络攻击：网络战与电子游戏

图 4.1   来源：特雷亚克工作室.《使命召唤：黑色行动 2》. 动视公司，2012.

图 4.2   来源：特雷亚克工作室.《使命召唤：黑色行动2》.动视公司，2012.

图 4.3   来源：育碧蒙特利尔工作室.《看门狗》.育碧公司，2014.

图 4.4   来源：育碧蒙特利尔工作室.《看门狗》.育碧公司，2014.

图 4.5   来源：育碧蒙特利尔工作室.《看门狗》.育碧公司，2014.

图 4.6   来源：育碧蒙特利尔工作室.《看门狗》.育碧公司，2014.

图 4.7   来源：国防高级研究计划局.弗吉尼亚州阿灵顿.2014.

尾 声 《特殊行动：一线生机》中的反战意识

图 5.1   来源：Yager 工作室.《特殊行动：一线生机》.2K 游戏公司，2012.

图 5.2   来源：Yager 工作室.《特殊行动：一线生机》.2K 游戏公司，2012.

图 5.3   来源：Yager 工作室.《特殊行动：一线生机》.2K 游戏公司，2012.

图 5.4   来源：Yager 工作室.《特殊行动：一线生机》.2K 游戏公司，2012.

图 5.5   来源：Yager 工作室.《特殊行动：一线生机》.2K 游戏公司，2012.

第二章的延伸阅读

W2.1.1   来源：Infinity Ward 工作室，大锤工作室.《使命召唤：现代战争3》.
              动视公司，2011.

W2.1.2   来源：DICE 工作室.《战地风云3》.艺电公司，2011.

W2.1.3   来源：危险距离工作室，DICE 工作室.《荣誉勋章》.艺电公司，
              2010.

W2.1.4   来源：Infinity Ward 工作室.《使命召唤：幽灵》.动视公司，2013.

W2.1.5   来源：Infinity Ward 工作室.《使命召唤：现代战争2》.动视公司，
              2009.

W2.2.1   来源：Infinity Ward 工作室.《使命召唤：幽灵》.动视公司，2013.

W2.2.2   来源：Infinity Ward 工作室.《使命召唤：幽灵》.动视公司，2013.

W2.2.3   来源：DICE 工作室.《战地风云3》.艺电公司，2011.

W2.2.4   来源：DICE 工作室.《战地风云3》.艺电公司，2011.

W2.2.5　　来源：Infinity Ward 工作室，大锤工作室.《使命召唤：现代战争 3》.
动视公司，2011.

W2.3.1　　来源：Infinity Ward 工作室.《使命召唤：现代战争 2》.动视公司，
2009.

W2.3.2　　来源：Infinity Ward 工作室.《使命召唤：幽灵》.动视公司，2013；
大锤工作室.《使命召唤：高级战争》.动视公司，2014.

W2.3.3　　来源：Infinity Ward 工作室，大锤工作室.《使命召唤：现代战争 3》.
动视公司，2011.

W2.3.4　　《来源：特雷亚克工作室.《使命召唤：黑色行动 2》.动视公司，
2012.

第四章的延伸阅读

W4.1.1　　来源：育碧蒙特利尔工作室.《看门狗》.育碧公司，2014.

W4.1.2　　来源：乔尔·苏诺，罗伯特·科克伦.《24 小时：再活一天》.20 世
纪福克斯电视台，2014.

W4.1.3　　来源：育碧蒙特利尔工作室.《看门狗》.育碧公司，2014.

© 民主与建设出版社，2021

图书在版编目（CIP）数据

军事 – 娱乐复合体 /（美）提姆·莱诺,（美）卢克·卡德韦尔著；陈学军译. -- 北京：民主与建设出版社，2021.4

（娱乐时代的美军形象塑造系列译丛）

ISBN 978-7-5139-2574-7

Ⅰ.①军… Ⅱ.①提… ②卢… ③陈… Ⅲ.①军事游戏—电子游戏—研究 Ⅳ.① G898.3

中国版本图书馆 CIP 数据核字 (2019) 第 291520 号

THE MILITARY-ENTERTAINMENT COMPLEX by Tim Lenoir and Luke Caldwell

Copyright © 2018 by the President and Fellows of Harvard College

Published by arrangement with Harvard University Press

through Bardon-Chinese Media Agency

Simplified Chinese translation copyright © 2020

By Ginkgo (Beijing) Book Co., Ltd

ALL RIGHTS RESERVED

本书中文简体版由银杏树下（北京）图书有限责任公司出版

版权登记号：01-2019-6376

军事–娱乐复合体
JUNSHI YULE FUHETI

著　　者　［美］提姆·莱诺（Tim Lenoir）　［美］卢克·卡德韦尔 (Luke Caldwell)
译　　者　陈学军
选题策划　后浪出版公司
出版统筹　吴兴元
编辑统筹　郝明慧
责任编辑　王　颂
特约编辑　王　硕
封面设计　墨白空间·黄海
出版发行　民主与建设出版社有限责任公司
电　　话　（010）59417747　59419778
社　　址　北京市海淀区西三环中路 10 号望海楼 E 座 7 层
邮　　编　100142
印　　刷　北京盛通印刷股份有限公司
版　　次　2021 年 4 月第 1 版
印　　次　2021 年 4 月第 1 次印刷
开　　本　889 毫米 × 1194 毫米　1/32
印　　张　8.25
字　　数　179 千字
书　　号　ISBN 978-7-5139-2574-7
定　　价　39.80 元

注：如有印、装质量问题，请与出版社联系。